Hannah Reich

MEDIEN UND KONFLIKT:
DER LANDDISKURS IN PALÄSTINA

Hannah Reich

MEDIEN UND KONFLIKT:
DER LANDDISKURS IN PALÄSTINA

ibidem-Verlag
Stuttgart

Bibliografische Information Der Deutschen Bibliothek

Die Deutsche Bibliothek verzeichnet diese Publikation in der Deutschen Nationalbibliografie; detaillierte bibliografische Daten sind im Internet über <http://dnb.ddb.de> abrufbar.

∞

Gedruckt auf alterungsbeständigem, säurefreien Papier
Printed on acid-free paper

ISBN: 3-89821-233-5

Printed in Germany

Für Adunis

INHALTSVERZEICHNIS

0 Vorwort

> Die Wahrheit hat zwei Gesichter, und der Schnee,
> der auf unsere Straße fällt, ist schwarz.
> *Mahmud Darwish*

Dies ist die Anfangszeile eines Gedichtes von Mahmud Darwish, der als berühmtester gegenwärtiger Dichter der Palästinenser gilt und zu einer Symbolfigur geworden ist. Seine Gedichte sind nicht nur in aller Munde, sondern ihm ist es gelungen, die Erfahrungen von Palästinensern mit Hilfe seiner tief verankerten menschlichen Perspektive auszudrücken und über die Grenzen hinweg weiter zu vermitteln. Seine Gedichte können als eine Art Stimmungsbarometer gelesen werden. Er gibt einen Grundtenor der palästinensischen Gesellschaft wieder und hat sich trotz langer Aufenthalte im Exil nicht von den Stimmen seines Heimatlandes entfremdet hat.

> "Unsere Verzweiflung kann nicht größer werden,
> Und das Ende schreitet auf die Mauer zu, seiner Schritte gewiss.
> Wer holt unsere Fahnen ein: Wir oder Sie? Und wer
> Verliest uns das Abkommen der Verirrungen, o König der Agonie?"

Die vorliegende Studie ist in einer Zeit entstanden, in der noch viele Wege offen waren und es noch Raum gab für Täume und Visionen. Deutlicher gesagt: Es schien ein größerer Handlungsspielraum zu existieren, oder zumindest war ein solcher leichter zu erkennen als heute. Deshalb finde ich es wichtig, diese Momentaufnahme aus der Zeit 1999, einem Jahr vor dem Ausbruch der Al-Aqsa Intifada festzuhalten. Ich möchte die vorliegende Studie nicht aus der Perspektive des Jetzt und Hier revidieren, sondern ihr, so wie sie entstanden ist, einen Raum geben, und nicht die damals existierenden Fragen, Lichtblicke, und Freudenstrahlen verleugnen, im Nebel der gegenwärtigen Hoffnungslosigkeit verwischen lassen. Leicht läßt sich aus dem heutigen Zustand die Vergangenheit beurteilen und lassen sich Trugschlüsse und

Fehleinschätzungen politischer Bewegungen postulieren. Doch welchen Sinn hat das Urteilen, das zwar eine Zwanghaftigkeit der Entwicklungsgeschichte konstituiert und Ursache und Wirkung eindeutig zu verorten sucht, jedoch keinen Raum läßt für die eine kleine Möglichkeit, die der Bewegung eine ganz andere Richtung hätte aufzwingen können? Diesen Raum möchte ich erhalten, dieses kleine Leck im Boot, durch welches, die ganze Besatzungsmaschinerie hätte sinken können.

"Der Landdiskurs in Palästina" trägt mit der Al-Alqsa Intifada eine neue Farbe. Die Zerstörung hat ein neues Ausmaß angenommen, und addiert sich zu bereits bekannten Erlebnissen, die aber nun in einem anderen Licht erscheinen. Die Stimmung ist eine andere, nicht nur im Vergleich zu der Zeit nach dem Osloer Abkommen, sondern auch im Vergleich zur ersten Intifada. Die täglichen Bedrohungen haben eine andere Dimension erhalten.

Die Radiosender, in denen ich 1999 den Landdiskurs zu erfassen suchte, existieren beide nicht mehr. Das Gebäude und der Transmitter des Radiosenders *Sawt Filasṭīn* wurde zerbombt; der Sender *Ḥubb wa Salām* hat sich von der Zerstörung durch die erneute Besetzung Ramallahs im März letzten Jahres nicht mehr erholt. Neben diesem materiell Verlust, der ein massives Ausmaß erreicht hat, ist ein neuer Verlust entstanden, bzw. eine Wiederholung des Verlusts, als ob nun auch "die Kinder der Steine" ihn erleben sollten. Es ist der Verlust der Hoffnung, der einen unerträglich schweren Klang erzeugt und der anders als neue diskursive Ereignisse nicht nur die Form des Diskurses verwandelt, sondern ihn in einem ganz anderen Material erscheinen lässt. Doch das jetzige Gesicht dieses Diskurses ist aus einer Zeit entstanden, in der zu hoffen noch nicht als verrückt galt. Und das möchte ich gerne festhalten.

Die vorliegende Form ist die mehr oder weniger unveränderte Fassung meiner Diplomarbeit in der Sozialgeographie. Sie ist aus einer Studie im Rahmen des Arbeits- und Studienaufenthaltes (ASA) – Programmes der Carl-Duisburg Gesellschaft im Media Resource Center, Ramallah entstanden. Sie wäre niemals möglich gewesen ohne die Unterstützung meines Professors Jürgen Pohl, meiner Gastfamilie Al-Baba in Ramallah, meiner eigenen Familie und all meinen Freunden, die nicht aufgegeben haben, in Diskussionen meine vermeintlichen Erkenntnisse, meine verknoteten Gedanken über Gott und die Welt zu klären. Außerdem danke ich ganz herzlich der Studienstiftung des deutschen Volkes für Ihre Unterstützung.

Ein Zeitsprung in das letzte Jahrhundert, das Jahr 1999 ...

1 Eine Karte des Alltags – Ramallah, im Frühjahr 1999

Um 17 Uhr kam mein Flugzeug in Tel Aviv an. Es gab keine Komplikationen bei der Einreise, so dass ich gleich mit dem Bus nach Westjerusalem und von dort zum Tor der ostjerusalemer Altstadt, dem BāB AL-ʿAMūD fahren konnte. Von hier an befindet man sich in einer anderen Welt. Der palästinensische Dialekt umhüllt einen schlagartig und rückt alles Vorhergegangene in weite Ferne. Zwischen dem Stimmengewirr der Verkäufer und Käufer, dem Treiben der Stadt, sind die lauten Rufe der Taxifahrer nach Passanten zu vernehmen: "Ramallah, Ramallah, Ramallah...". Von dem BāB AL-ʿAMūD fahren Taxis mit gelben Nummernschildern in die Westbank. Nur mit einem gelben Nummernschild versehen, werden Autos in das israelische Gebiet, zu dem ganz Jerusalem gerechnet wird, hereingelassen. Ich verhandele kurz über den Preis nach Ramallah und steige ein. Während der Fahrt dudelt der Radiosender mit dem Namen "Liebe und Frieden" arabische Schlager. Zuerst passieren wir den Checkpoint in AR-RāM, der die Grenze zur Westbank markiert. Auf der ganzen Fahrt gibt es kaum Momente, an denen auf den Hügeln keine Siedlungen zu erblicken sind. Sie überziehen mit ihrer gleichförmigen Struktur und den sonst nicht üblichen roten Dächern die Berggipfel. Die Straßenschilder weisen die Siedlungen aus, nicht aber die arabischen Dörfer. Auf der Fahrt wechselt man mehrmals die verschiedenen Zonen B und C. Kurz vor der Einfahrt nach Ramallah ist ein israelischer Checkpoint, direkt danach folgt der palästinensische. Nun sind wir im A-Gebiet angekommen. Am MANāRA, dem Zentrum der Stadt, wechsele ich, um nach Birzeit zu kommen, in ein anderes Taxi, diesmal mit grünem Nummernschild, d. h. dieses Auto darf nicht nach Jerusalem hineinfahren. Die Nummernschilder sind für Autos wie die Identitätskarten für Menschen. Blaue Karte: Jerusalemer Ausweis, man kann überall hin; orangene Karte: Westbankausweis, Zutritt nach Jerusalem und nach Israel verboten; grüne Karte: Gaza-Ausweis, man kann nirgendwohin außer in den Gazastreifen. Mit dem Taxi mit grünem Nummernschild fahre ich am Checkpoint des A-Gebietes vorbei, passiere an der Bypassstraße zur nahegelegenen Siedlung BEIT IL einen weiteren Checkpoint, da alle Bypassstrassen als C-Gebiet gerechnet werden, und komme endlich in Birzeit, B-Gebiet, an. Was für jemanden mit ausländischem Ausweis keine Probleme verursacht, ist bitterer Alltag für einen Palästinenser. Jeder Checkpoint bedeutet eine mögliche Kontrolle, die an einem immer etwas Unerlaubtes ausfindig macht und harte Folgen mit sich bringen kann. "Ein schönes Land," sage ich zum Taxifahrer, während die Olivenhaine an mir vorüberziehen und die untergehende Abendsonne den kalkhaltigen, steinigen Boden in ein zartes Rosa verwandelt.

> "Ja, es ist schön, für Fremde. Für Palästinenser ist es ein Gefängnis, ein Gefängnis mit Olivenbäumen. Ich bin 23 Jahre und war noch nie weiter als Jerusalem, das Meer – von Birzeit aus in der Ferne zu sehen – habe ich noch nie besucht. Ihr kommt und besucht unser Land, reist und seht mehr als ich je sehen kann. Hier, das ist die Hölle, aus der man nicht entkommt. Wahrlich, dieses Land ist nur schön, wenn man wieder fortreisen kann."

Siehe KARTE von Oslo II: Anhang II

2 Eine sozialgeographische Raumauffassung für die Betrachtung von Konflikträumen

"Geographie betreiben, soll heißen, die Fortsetzung der Politik mit friedlichen Mitteln zu ermöglichen," fordert Wolfgang HARTKE für eine sozialwissenschaftliche Geographie des Menschen.[1] Mit dieser Formulierung weicht HARTKE nicht nur von der Hauptströmung der Geographieauffassung ab, er weicht auch der schwierigen Frage nach der Eingrenzung des Faches durch einen Forschungsgegenstand aus. Ich schließe mich seiner Auffassung an, möchte aber doch versuchen, seinen Anspruch an die Geographie in eine sozialgeographische Gegenstandsdefinition zu integrieren und somit eine spezifisch geographische Perspektive in die Konfliktforschung einzubringen. Was meine ich mit geographisch? Ich halte es trotz aller berechtigten Kritik für sinnvoll, den "Raum" als das geographische Element zu beschreiben und ihn auch in der Sozialgeographie als ein unterliegendes Konzept beizubehalten. Allerdings erachte ich es als notwendig, die sozialgeographische Raumauffassung zu hinterfragen.

Spätestens seit dem Zweiten Golfkrieg und seiner medialen Inszenierung ist man sich in der Friedens- und Konfliktforschung über die fatalen Folgen der engen Verflechtung der politischen Elite mit den Massenmedien in einer Krisensituation bewusst. Folge dieser Verflechtung ist eine enorme Diskrepanz zwischen der Berichterstattung über die Konfliktregion und den sich tatsächlich vor Ort abspielenden Ereignissen. Ich möchte dieses Problem mit Hilfe einer sozialgeographischen Raumauffassung in Angriff nehmen, die ich anhand eines konkreten Konfliktraumes, des Nahostkonflikts, entwickeln möchte. Dabei geht es mir weder um die Erforschung der

---

[1] Wolfgang HARTKE zit. nach Werlen, B.: Wolfgang Hartke – Begründer der sozialwissenschaftlichen Geographie, in: Heinritz, G./ Helbrecht, I. (Hg.) 1998: Sozialgeographie und Soziologie, *Münchener*

Konfliktursachen, noch möchte ich eine Konfliktlösung ausarbeiten. Vielmehr dient der Konflikt als ein Untersuchungsgegenstand zur Erarbeitung einer sozialgeographischen Raumauffassung für die Betrachtung von Konflikträumen. Die Raumauffassung soll nicht konzeptionell entwickelt, sondern aus der Empirie gewonnen werden. Die Fragestellung, zu der die vorliegende Studie meine Antwort ist, lautet: Wie könnte eine sozialgeographische Raumauffassung, die sich für die Konfliktforschung eignet, beschaffen sein?

Als Voraussetzung für eine sinnvolle sozialgeographische Raumauffassung sehe ich allerdings eine endgültige Loslösung von dem traditionellen Raumverständnis, welches "Raum" prinzipiell materiell auffasst. Einen Weg markiert die angelsächsische Sozialgeographie, in der die Raumauffassung derart offen gestaltet ist, dass sie jeden Gebrauch von Raummetaphern gleichberechtigt stehen lässt.[2] Ich möchte mich jedoch nicht von der philosophischen Tradition des Kontinentes lösen, auf dem man sich gerne mit Grundsatzfragen auseinandersetzt und denke, dass die Entwicklung eines Raumkonzeptes mehr bieten könnte als die metaphorische Verwendung des Raumes, die in jeder Disziplin – von der Literaturwissenschaft bis zur Ökonomie – der Simplifizierung dient.

Gerhard **Hard** fordert, den von seiner Materialität befreiten Raum in der sozialen Welt zu suchen, wo man ihn in einer sprachlichen Struktur vorfinden wird.[3] Denn es ist nicht seine Materialität, die in der Sozialgeographie von Interesse ist, sondern vielmehr seine sozio-kulturelle Bedeutung. Dieser Richtung möchte ich folgen. Ich möchte nicht das konkrete Land eines Konfliktraumes untersuchen, sondern das

---

Geographische Hefte 78, Passau, S.15

[2] Vgl. Jackson, P. 1997: Geography and the Cultural Turn, *Scottish Geographical Magazine, vol. 113, no. 3,* S.187

[3] Vgl. Hard, G. 1987: Auf der Suche nach dem verlorenen Raum, in: Fischer, M./ Sauberer, M. (Hg.): Gesellschaft – Wirtschaft – Raum. Beiträge zur modernen Wirtschafts- und Sozialgeographie. Festschrift für Karl Stiglbauer, Wien, S.27

Land in den Köpfen, zu dem ich über die sprachliche Struktur Zugang bekomme. Dabei geht es mir nicht so sehr um seine Funktion, weshalb ich nicht den KLÜTERschen Terminus der Raumabstraktionen verwende.[4] Vielmehr interessiert mich, was eigentlich gesagt wird, wenn über das Land gesprochen wird. Aus diesem Grund wähle ich den Begriff des Diskurses, den Landdiskurs als meinen Untersuchungsgegenstand, womit ich auf den FOUCAULTschen Diskursbegriff hinweise. FOUCAULTs Philosophie, oder meine Vorstellung, es sei seine Philosophie, möchte ich als Perspektive in der Betrachtung eines Konfliktraums übernehmen. Seine unkonventionelle Art, sich Fragen der Formation von Macht, Wissen und Wahrheit mittels einer Analyse "anonymer Diskurse" zu nähern, kombiniert mit seiner Perspektive, in der "Formen des Sichtbaren" irreduzibel neben "Formen des Sagbaren" stehen gelassen werden, ist meine Grundlage in der Auseinandersetzung mit einem bewaffneten, von ungleichen Machtverhältnissen geprägten Konflikt.

Mit FOUCAULT habe ich ein Instrumentarium erarbeitet, das ich anhand einer empirischen Studie weiter entwickele, in dem ich seine Funktionsfähigkeit in der Betrachtung eines Konfliktraumes prüfe und es inhaltlich auffülle. Dadurch, dass ich von keiner positivistischen Wissenschaftsauffassung ausgehe, stellt sich die Frage, wie ich mich gegenüber meinem Gegenstand positioniere. Die Frage wird umso dringlicher, da ich mich mit einem Sprachraum auseinandersetze, der ein historisches Erbe der Unterwerfung, Fremddefinition und Fremdinszenierung mit sich bringt.[5]

Zum einen ist die Methode meiner Forschung von qualitativen Verfahren bestimmt. Das Postulat der "Fraglosigkeit"[6] rechtfertigt, dass ich als Fremder versuche, qualitative Daten an einem Ort zu erheben, in dem

---

[4] Vgl. Klüter, H. 1986: Raum als Element der sozialen Kommunikation, *Gießener geographische Schriften, Nr.60, Gießen, S. 109ff*

[5] Vgl. Said, E. 1978: Orientalism, London.

[6] Vgl. Kleinig, G. 1995: Lehrbuch entdeckende Sozialforschung. Band I. Von der Hermeneutik zur

ich nicht sozialisiert wurde. Vielleicht hinterfrage ich genau wegen meiner Fremdheid bestimmte Dinge, die vor Ort als selbstverständlich angenommen werden. Weiterhin nehme ich in dieser Studie eine Perspektive mit bestimmten philosophischen Grundannahmen ein, die ortsunabhängig Gültigkeit beansprucht. Aber bestimmte Zusammenhänge sind in einer Extremsituation leichter zu erkennen. Aus diesem Grund richte ich den Fokus auf den Nahostkonflikt. Wenn sich in den dort aufbrechenden Widersprüchen Räume entfalten, die sich für die Betrachtung eines Konfliktes eignen, dann lassen diese sich prinzipiell auch woanders entdecken. Der Unterschied ist lediglich, dass die Extremität eines bewaffneten Territorialkonfliktes diesen Raum mit einer anderen Deutlichkeit an die Oberfläche holt. Bei all meinen Postulaten orientiere ich mich an Donna **HARRAWAY**, die "Erkenntnis" nicht mit einem Absolutheitsanspruch formuliert. Es handelt sich nur um einen, meinen Standpunkt, aus dessen Perspektive sich ein "situated knowledge"[7] entfaltet.

Mein empirisches Untersuchungsfeld ist der Nahostkonflikt, ein erbitterter Konflikt um Land. In diesem Konflikt gibt es ein ungleiches Machtgefälle, das trotzdem nicht zu einem Erlöschen des Widerstandes geführt hat. Um das Auftreten und Anhalten des Konfliktes zu verstehen, halte ich es für notwendig, neben der Diskurstheorie die Theorie der sozialen Wirklichkeitskonstruktion heranzuziehen. **BERGER** und **LUCKMANN** haben ausgehend von einer phänomenologischen Sichtweise anschaulich gezeigt, wie die Wirklichkeit mit Hilfe des sedimentierten Wissensvorrates und seiner Deutungsschemata gesellschaftlich konstruiert wird. Im Realraum zeigt sich eine klare Dominanz der israelischen Seite, die eine stetige Inbesitznahme des umkämpften Gegenstandes ermöglicht und unaufhaltsam und

---

qualitativen Heuristik, Weinheim, S.16

[7] Vgl. Haraway, D.: Situated knowledges: The science question in feminism and the privilege of partial perspective, in: Agnew, J.A. 1996: Human Geography. Oxford, S.108-128

unbemerkt den Siedlungsbau im Gaza Streifen und in der Westbank forciert. Trotzdem ist auch von der anderen Seite der Kampf um Land noch nicht aufgegeben, obwohl der ganze Realraum besetzt ist. Dies lässt sich damit begründen, dass neben der Ressource des Landes auch die Sprache eine Ressource darstellt, aus der sich die Ansprüche auf das Land und seine historische Bedeutung konservieren und irgendwo in einem interdiskursiven Wissensvorrat sedimentieren konnte. In dem Schatten des israelischen Diskurses ist ein palästinensischer Diskurs erkennbar, der nicht einfach als eine Negativform des dominierenden, israelischen Diskurses zu verstehen ist. In diesem palästinensischen "Interdiskurs" vermute ich einen Raum, den ich dadurch zu erfassen suche, dass ich den Diskurs um den Gegenstand des Konfliktes, das Land ausgraben möchte.

Meine Methode, den Landdiskurs herauszuarbeiten, ist die Diskursanalyse der Duisburger Schule von Siegfried **JÄGER** und Jürgen **LINK**. Als Indikator wähle ich die mediale Diskursebene, der eine besondere Bedeutung in der sozialen Wirklichkeitskonstruktion zukommt. Um von den medialen Aussagen zum palästinensischen gesamtgesellschaftlichen Diskurs zu gelangen, muss ich die Mechanismen der Verzerrung der medialen Darstellung mit in Betracht ziehen. Hierbei muss ich allerdings berücksichtigen, dass die Medien in Palästina anderen Produktionsbedingungen unterworfen sind als die Medien in westlichen Gesellschaften. Um dies zu klären, ist ein Blick in die Geschichte und auf die allgemeine palästinensische Medienlandschaft notwendig. Die Schwierigkeit besteht darin, dass erst seit den Osloer Verträgen für Palästinenser die Möglichkeit besteht, eigene Medien unter einer palästinensischen Gesetzgebung zu errichten, und sich dementsprechend noch nichts Endgültiges über die palästinensischen Medien sagen lässt. Der gesetzliche Rahmen ist derart gestaltet, dass er abweichend von den arabischen Nachbarstaaten den Forderungen der Presse- und Meinungsfreiheit nachkommt. Demnach ist zu erwarten, dass sich viele Stimmen des palästinensischen gesamtgesellschaftlichen Diskurses auf medialer Ebene wiederfinden. Ich beschränke mich auf die Betrachtung des Medium Radio, wobei ich die Diskursanalyse des staatlichen palästinensischen Radiosenders *Ṣawt Filasṭīn* mit der eines privaten Lokalsenders *Ḥubb wa Salām* ergänzen möchte.

Die enge Bindung des Diskursbegriffes an die Praktiken verlangt neben dem sprachlichen Kontext die Einbeziehung des nicht-sprachlichen Kontextes zur Diskursanalyse. Dazu wird der Aufbau und die Organisation der Sender gerechnet, aber auch die Ereignisse des Realraumes, auf die sich die Diskursfragmente beziehen. Als Einzelereignis wähle ich den "Tag der Wut" am 3. Juni 1999, an dem gegen den Siedlungsbau demonstriert wurde und der ein diskursives Ereignis des medialen Landdiskurses darstellt. Dieses Ereignis habe ich in *Dayr Qaḍḍīs* selber in der Begleitung eines Korrespondenten von *Ṣawt Filasṭīn* verfolgen und damit den Weg der "Bilder" zu ihrer medialen Aussage nachzeichnen können. Die Schlussfolgerung von dem medialen Landdiskurs der Radiosender zum palästinensischen gesamtgesellschaftlichen Diskurs verlangt abermals eine Betrachtung der Praktiken. Hier zeigt sich, dass zum einen die Starrheit der arabischen Journalismustradition die mediale Produktion erheblich einschränkt. Zum anderen werden von Seiten der Herrschaftselite die medialen Aussagen überwacht und bestraft, so dass sich der gesetzliche Rahmen als unwirksam erweist und die medialen Aussagen, zumindest die des Landdiskurses, entsprechend eingefärbt in den Frequenzen ertönen. Um auf den entfärbten palästinensischen Diskurs zu gelangen, müßten die verbotenen Worte in die Betrachtung einbezogen werden, was ich jedoch nur andeuten kann. Eine weitere Möglichkeit auf den allgemeinen Diskurs zu schließen, ist, alternative Medien heranzuziehen, von denen das Radio Birzeit ein Beispiel ist. Auch wenn dieses Radio keine große Hörerschaft vorweist, halte ich seine Erwähnung für wichtig, weil sich die palästinensische Medienlandschaft gerade erst zu formieren beginnt. Und auch wenn sich bis jetzt bestimmte Strömungen durchzusetzen scheinen, so ist noch kein abschließendes Urteil zu fällen.

Die Ergebnisse der Landdiskursanalyse lassen sich als Zwischenergebnisse in den Kontext des Konfliktes stellen. Hierbei ist das Wye River Memorandum als ein Wendepunkt der Kriegsführung identifizierbar. Der "Aufhetzungs"-Paragraph markiert eine gesetzliche Verankerung der Disziplinierung von Äußerungen. Nach der Besetzung des Landes erfolgt nun eine Besetzung der Worte, der Aussagen, des Diskurses. Daraus ziehe ich die Forderung, den Diskurs selber als einen Raum zu betrachten, was eine weitere Schlussfolgerung auf eine sozialgeographische Raumauffassung in der Untersuchung von Konflikten nach sich zieht. Es zeigt sich, dass die diskursive Formation beider Konfliktparteien als jeweils ein eigener sozialer "Konzeptraum" verstanden werden kann, in dem der gesellschaftliche Wissensvorrat und seine Deutungsschemata sedimentiert sind.

Eine für Konflikte verwendbare Raumauffassung muss daraus folgend derart gestaltet sein, dass sie "Raum" weder durch eine Realität, noch durch metaphorische Begrifflichkeiten definiert. Beide Materialitäten "Dinge" und "Worte" können einen Raum aufspannen. Ein "Raum" zeichnet sich nach dieser Auffassung durch die Machtwirkung seiner selektierenden Ordnungsfunktion aus. Dadurch lässt er zwar einerseits Stimmen aus und gesteht nicht allen "Dingen" und "Worten" eine Bedeutung zu. Doch andererseits stellt sich genau wegen seiner Selektionskraft, die entsprechend einem bestehenden Kräfteverhältnis eine Wahrheit erzeugt, eine Bedeutung heraus und verwandelt damit die Welt der "Dinge" und "Worte" in eine menschliche, bedeutungsvolle Welt. Hierin liegt m. E. eine brauchbare Raumauffassung für die Betrachtung von Konflikten, durch die sowohl im Realraum als auch im Diskurs ein Raum zu erkennen ist, der durch das Kräfteverhältnis der

Macht strukturiert wird. Oder im FOUCAULTschen Sinne, wie Gillian ROSE schreibt:

> "This was Foucault's understanding of space I think: space is a strategy of power."[8]

Auch wenn ich die Aufteilung der Welt in "Dinge" und "Worte" in der Betrachtung von Konflikten für nützlich erachte, ist diese Einteilung philosophisch nicht lange aufrechtzuerhalten. Es ist m.E. an der Zeit, dass sich die Sozialgeographie in ihrer besonderen Position auf der Schnittstelle zwischen Geistes- und Naturwissenschaften den hervorbrechenden Herausforderungen stellt und als Humangeographie das Feld für eine Diskussion von philosophischer Natur eröffnet.

3 Der Landdiskurs eines Konfliktraums als ein geographischer Gegenstand

3.1 Eine sozialgeographische Raumauffassung

Auf welchem Weg kann ich mich einer Raumauffassung nähern, die dem Anspruch HARTKES Rechnung trägt, für die Friedens- und Konfliktforschung brauchbar zu sein? WERLEN hat durch seine Forderung eine vielversprechende Richtung aufgezeigt:

> "An Stelle von Beschreibungen und Erklärungen der sozialen Welt in Raum- Kategorien [bezogen auf die Erdoberfläche - *Anm. d. Verf.*] sollten nun zunächst sprachliche Strukturierungen der räumlichen Gegebenheiten in Kategorien des Handelns vorgenommen werden."[9]

Die Schwierigkeit liegt bei WERLEN in seiner widersprüchlichen Verwendung des Raumbegriffes, mit dem er mal eindeutig Materielles,

---

[8] Rose, G.: Performing Space, in: Massey, D./ Allen, J./ Sarre, P. (Hg.) 1999: Human Geography Today. Cambridge, S.248

[9] Werlen, B. 1993: Gibt es eine Geographie ohne Raum? Zum Verhältnis von traditioneller Geographie und zeitgenössischer Gesellschaften, in: *Erdkunde, Bd. 42, Heft 4,* S. 252

mal Sprachliches bezeichnet. Eine Ursache der immer wieder aufbrechenden Widersprüchlichkeit liegt neben der Schwierigkeit, sich vom kantischen Dualismus zu lösen, in der Dialektik von Bezeichnendem und Bezeichnetem, Signifikant und Signifikat.[10] Die Dialektik lässt die wichtige Forderung **WERLENS**, sich mit den sprachlichen Signifikanten zu beschäftigen, als eine Tautologie erscheinen. Dabei ist diese Forderung wichtig, denn

> "die gesellschaftliche Welt ist primär eine immaterielle Welt, konstituiert von Entscheidungssituationen und Wertrelationen, nicht vom cgks-System der Physik."[11]

In der konstruktivistischen Auffassung tragen die Dinge und Ereignisse keine Bedeutung in sich, sondern die Bedeutung wird *konstruiert*. Es ist nicht die materielle Welt, welche die Bedeutung trägt, sondern das Sprachsystem oder das Zeichensystem, das zur Darstellung der Begriffe benutzt wird.

> "It is the social actors who use the conceptual systems of their culture and the linguistic and other representional systems to construct meaning, to make the world meaningful to others."[12]

Natürlich haben die Zeichen der repräsentativen Systeme auch eine materielle Seite, sei es der Klang eines Wortes, das Schriftbild oder die Bilder. Die Darstellung oder die Repräsentation ist ein Vorgang, der die materiellen Dinge und Effekte zur Bedeutungskonstitution benutzt.[13] In der Sprache zeigt sich die Bedeutung, die der materiellen Welt und ihren Ereignissen beigemessen wird. **HARD** trägt dieser Tatsache Rechnung. Er fordert, sich auf **WERLEN** und **KLÜTER** berufend:

---

[10] Diese Dialektik verkompliziert sich, da Realräume auch als Texte mit Signifikanten gelesen werden können.

[11] Bartels, D. zit. nach Hard (1987:27)

[12] Hall, S. 1997: Representation: Cultural Representations and Signifying Practices, London, S. 25

[13] Ich verstehe Repräsentation in ihrer Doppeldeutigkeit: auf der einen Seite bezeichnet sie etwas darstellen, etwas präsentieren. Auf der anderen Seite kann sie auch als ein Repräsentand fungieren, der *für* etwas steht.

> "Wenn er (der Sozialgeograph) es schon nicht lassen kann, den Raum oder das Räumliche zu suchen, sich den sozialen Phänomenen nur auf dem Umweg über den Raum zu nähern und sich als Raumwissenschaftler zu sehen, dann sollte der *Sozialgeograph* den Raum doch wenigstens in der *sozialen* Welt suchen, und er wird ihn dort auch finden können: allerdings in einem anderen ontologischen Aggregatzustand, nämlich nicht als eine *Wirklichkeits*-, sondern als eine *Sprach*struktur."[14]

In einer Sprachstruktur ist der Raum eindeutig von seiner Materialität entkleidet. Die sprachlichen Signifikanten sind als unabhängig von ihren Signifikaten zu betrachtende Einheiten anerkannt. Die Perspektive richtet sich auf die soziale Welt und nicht auf den für die physische Geographie zentralen Erdraum. Durch die Verfolgung der menschlichen Kommunikation wird man auf die Raumkategorien stoßen. Für die Erarbeitung einer Raumauffassung zur Betrachtung von Territorialkonflikten scheint mir dies die richtige Richtung vorzugeben.

Basierend auf der Theorie sozialer Systeme von Niklas LUHMANN hat KLÜTER in seiner Arbeit "Raum als Element der sozialen Kommunikation" die Funktion der sog. Raumabstraktionen[15] als Instrument zur Simplifizierung äußerst komplizierter Sachverhalte herausgearbeitet. Aus diesem Grund sind diese für das soziale System als Handlungskoordinierung und -steuerung tauglich. Solche Funktionen lassen sich auch von großen Organisationen ausnutzen, die Raumabstraktionen (z.B. Heimat oder Vaterland) aus anderen emotionalisierten Kommunikationsmedien im Sinne LUHMANNS (wie Glaube/Vertrauen, Liebe/ Sympathie) erzeugen, um eine bestimmte Handlung zu bewirken. Natürlich lässt sich sagen, dass auf der Ebene von "großen Organisationen" in Territorialkonflikten Begriffe wie Heimat oder Vaterland "ausgenutzt" werden, um eine bestimmte Handlung, etwa den Kampf zu bewirken. Aber der Zusammenhang zwischen der

---

[14] Hard (1987:27) [Betonung wie im Originaltext. Anm. d. Verf.]

[15] WERLEN bezeichnet damit Wörter, die sich auf den Realraum beziehen.

"Raumabstraktion" und der Handlung, scheint etwas komplizierter zu sein und lässt sich nicht allein mit der Funktion der Handlungssteuerung erklären. Mit dieser Perspektive wird weder die gesellschaftliche Bedeutung der Begriffe berücksichtigt, noch wird den sich ereignenden Bildern des Realraumes eine Kategorie zugestanden. Aus diesem Grund scheint mir die philosophische Grundlage Michel FOUCAULTS, in der die Begriffe nur die Hülle einer Aussage darstellen, welche in einen weiteren Kontext plaziert ist, besser geeignet zu sein.

Die von KLÜTER herausgearbeitete Funktion des Raumes lässt sich jedoch auch in Betrachtung des komplizierten Sachverhaltes eines bewaffneten Konfliktes zu Nutze machen. Allerdings auf einer abstrakteren Ebene, in der der "Raum" nicht als ein Begriff der Sprache, sondern als ein Konzept verstanden wird, das das sozial-geographische Handeln in einem Territorialkonflikt verständlich macht. Auf dieses Konzept werde ich am Ende der Arbeit eingehen. Vorerst möchte ich die philosophischen Grundlagen meiner Untersuchung darlegen.

3.2 Wörter und Dinge im Spiel der Macht: eine Philosophie der Konfliktträume

3.2.1 Ausgrabung von Einzelereignissen

Auch bei Michel FOUCAULT steht die Sprache, in deren Struktur ich den Raum suche, im Mittelpunkt der Betrachtung, ohne jedoch das eigentliche Thema zu sein. Seine Philosophie ist nicht loszulösen von den Praktiken und von der Dimension der Macht, die so leicht bei einer allein auf die Sprache gestützten Forschung vernachlässigt werden.

> "..I believe one's point of reference should not be to the great model of language (langue) and signs, but to that of war and battle. The history which bears and determines us has the form of a war rather than of a language: relations of power not

relations of meaning.... "[16]

Diese Philosophie ist im Laufe seines Werkes in der Auseinandersetzung mit den Formen von Macht und Unterdrückung in archäologischer Kleinstarbeit entstanden. Dabei untersucht er nicht die Phänomene als solche, sondern fragt nach einem inneren Zusammenhang, nach dem Denksystem an sich.

> "Meine Fragestellung ließe sich folgendermaßen formulieren: wie kommt es, dass man in einer bestimmten Epoche gewisse Dinge aussprechen kann? Mit einem Wort, es handelt sich, wenn Sie so wollen, um die Untersuchung der historischen Bedingungen, die darüber Auskunft geben, was gesagt oder abgelehnt wurde oder in den Strom der Sprache transformiert wird."[17]

Die Vorgehensweise **FOUCAULTS** ist eine archäologische. Das heißt, er verwirft großflächige Kategorien, wie die "Epoche" und widmet sich der kleinsten Einheit, dem Ereignis, das er ausgräbt und mit anderen Ereignissen zu verbinden sucht. Aus diesem Ansatz folgt sein ausgesprochen "geographisches" Geschichtsverständnis. Die Fokussierung auf Elementareinheiten, die im Raum verteilt sind, trägt den Varianzen im Raum, den Unterschieden der verschiedenen Orte, Rechnung. Er verwirft eine totale[18] Geschichte, die durch ihre Art der Verallgemeinerung einen Absolutheitsanspruch postuliert und damit ihren Kategorien (Epochen, Zeitgeister etc.) uneingeschränkte Gültigkeit zuschreibt.[19] Diese Art der Geschichtsschreibung trägt den Unterschieden und Einzelheiten keinerlei Rechnung, statt dessen rutscht sie über Brüche und Widersprüche vereinheitlichend hinweg. Demgegenüber setzt er die allgemeine Geschichte.

---

[16] Foucault, M. 1980: Power/Knowledge, Brighton, S.114-115

[17] Foucault, M. in: Hommage an Michel Foucault 1987: Michel Foucault. Eine Geschichte der Wahrheit, München.

[18] Ich übernehme bewußt nicht die Termini der Übersetzung (globale Geschichte), da ich ihn in diesem Zusammenhang nicht für angebracht halte.

[19] Vgl. Foucault, M. 1981: Archäologie des Wissens, Frankfurt, S.19

> "[Eine totale] Beschreibung faßt alle Phänomene um ein einziges Zentrum zusammen – Prinzip, Bedeutung, Geist, Weltsicht, Gesamtform: eine allgemeine Geschichte würde im Gegenteil den Raum einer Streuung entfalten"[20]

Das sind die Räume, die in einem von ungleichen Machtverhältnissen geprägten Konflikt auszugraben sind. Der Raum einer Streuung entsteht durch die Verteilung der Einzelereignisse, wodurch verschiedene Serien konstituiert werden. Dabei ist sich FOUCAULT der Problematik bewusst, eine legitime Bezugsform zwischen diesen Serien zu bestimmen. Das scheinbar uninteressante Einzelereignis ist die Elementareinheit, dem in seiner spezifischen Eigenartigkeit eine Geltung zugestanden wird. FOUCAULT versteht das historische Ereignis als ein Instrument, um zu zeigen, "was ein Denken dazu bringt, auf eine bestimmte Art und Weise zu denken"[21]. Das, was ein Denken dazu bringt, auf eine bestimmte Weise und nicht anders zu denken, ist der gültige Diskurs.

3.2.2 Formen des Sagbaren und Formen des Sichtbaren

Meist wird FOUCAULT als erstes mit der in der Archäologie des Wissens sorgfältig ausgearbeiteten Theorie der diskursiven Formationen in Verbindung gebracht. Dabei geht es ihm nicht um die Menge der Diskurse, welche ein Denksystem bestimmen, sondern

> "um die Rekonstruktion eines anderen Diskurses, das Wiederfinden des stummen, murmelnden unerschöpflichen Sprechens, das von innen die Stimmen belebt, die man hört, um die Wiederherstellung des kleinen, unsichtbaren Textes, der den Zwischenraum der geschriebenen Zeilen durchläuft und sie manchmal umstößt."[22]

Er zeigt, wie es kommt, dass eine bestimmte Aussage erscheint und keine andere. Die Elementareinheit ist also die Aussage (*l'énoncé*), auf

---

[20] Foucault (1981:20)
[21] Foucault, M. in: Ewald, F.: "La fin d` un monde", le magazine littéraire, April 1984, S.32
[22] Foucault (1981:43)

der die Rekonstruktion des Diskurses aufbaut. Es geht um die Frage: "Was wurde, in dem was gesagt worden ist, w i r k l i c h g e s a g t?"[23] Es ist nicht das Gesagte, sondern die Aussage, die nicht mit dem Gesagten zu verwechseln ist und die es bloßzulegen gilt.[24] Die Aussage ist nicht unmittelbar sichtbar, und doch ist sie nicht verborgen. Dabei ist sie, auch wenn sie stets in einem Korpus von Worten und Texten auftritt, nicht dadurch zu entdecken, dass man der Bedeutungsstruktur der Sprache nachgeht, die immer wieder auf etwas anderes verweist. Sie zeigt sich auch nicht, indem man das Nicht-Gesagte als Aussage deklariert.[25] Die Sprache ist ihre äußere Erscheinung. Der dazu gehörige Korpus ist transversal und nicht der unmittelbare Kontext. Das sind nur die Sätze und Präpositionen, die mit ihr auftauchen und in denen und durch die sie aussagbar wird.

> "Die Wörter, die Sätze und die Präpositionen, die dem Korpus zugrunde liegen, müssen um die diffusen Brennpunkte der Macht und des Widerstandes herum ausgewählt werden."[26]

Die Aussage ist nicht loszulösen von den Dimensionen der Macht und des Widerstandes. Sie ist im Grunde das Offensichtliche, das was eigentlich gesagt wird, das was man sagt, wenn man spricht. Es sind die diskursiven Formationen, welche dieses "man" konstituieren, welche das Doppelgesicht des Subjektes verdeutlichen, welches einerseits Ausgangspunkt der Aussage ist, aber andererseits nur den ihm als diskursives Objekt zugewiesenen Platz einnimmt, von dem aus überhaupt nur diese Aussage möglich ist. Die Aussage ist die kleinste Einheit des Diskurses. Für die Beschreibung der diskursiven Formation müssen die Beziehungen zwischen den Aussagen, die im Raum und in der Zeit verstreut auftreten, herausgearbeitet werden. Eigentlich geht es gar nicht um die Beziehungen der Aussagen, sondern um die

---

[23] Foucault (1981:43) (Betonung von der Verf.)
[24] Vgl. Foucault (1981:125)
[25] Vgl. Foucault (1981:161)
[26] Deleuze, G. 1987: Foucault. Frankfurt a.M., S.30

Beschreibung ihrer Gesamtheit als eine Verteilungsfunktion.[27] Bei der Einheit eines Diskurses hat man es also mit einem "System der Streuung" zu tun. Dieses System kann beschrieben werden, wenn man die Regeln der Formation seiner Elemente, die **FOUCAULT** eindeutig definiert, beschreiben kann.

> "In dem Fall, wo man in einer bestimmten Zahl von Aussagen ein ähnliches System der Streuung beschreiben könnte, in dem Fall, in dem man bei den Objekten28, den Typen der Äußerungen, den Begriffen, den thematischen Entscheidungen eine Regelmäßigkeit (eine Ordnung, Korrelationen, ...Transformationen) definieren könnte, wird man übereinstimmend sagen, dass man es mit einer diskursiven Formation zu tun hat."[29]

In der Archäologie des Wissens widmet sich **FOUCAULT** hauptsächlich den diskursiven Formationen. Der Diskurs formiert sich jedoch nicht nur aus den Aussagen, sondern auch aus "Bildern", die er in der *Archäologie* mit dem nicht-diskursiven Milieu bezeichnet.[30] Aus zwei Dimensionen, "Wörtern" und "Licht", bilden sich "Formen des Sagbaren" und "Formen des Sichtbaren". Diese beiden Formen – die Form des Sagbaren, d.h. eine Ausdrucksform und die Form des Sichtbaren, d.h. eine Inhaltsform –treten ununterbrochen in Kontakt, beeinflussen und bedingen sich gegenseitig.[31] Trotzdem gibt es keine Konformität. Die Formen des Lichtes und die Formen der Sprache verhalten sich zueinander irreduzibel:

> "vergeblich spricht man das aus, was man sieht: das, was man sieht, liegt nie in dem, was man sagt; und vergeblich zeigt man durch Bilder, Metaphern, Vergleichen das, was man zu sagen

---

[27] Vgl. Deleuze (1987:51)

[28] im Original "object", d.h. Objekt oder Gegenstand. Was in der Übersetzung als zwei Begriffe auftaucht, ist im Original nur einer.

[29] Foucault (1981:58)

[30] Vgl. Deleuze (1987:50)

[31] Das Militärrecht z.B. liefert Gefangene und das Gefängnis wiederum produziert Kriminalität.

im Begriff ist."[32]

In der Aktualisierung bestimmt sich die Form in zwei Richtungen: organisierte Materie mit einer Inhaltsform oder eine finalisierte Funktion mit einer Aussageform. Die beiden Formen sind wechselseitig miteinander verwoben und durchdringen sich gegenseitig.[33] FOUCAULT bezeichnet die informelle Dimension, durch die die wechselseitige Durchdringung gewährleistet ist, als ein "Diagramm"[34]. Das "Panopticon"[35] ist zum Beispiel ein Diagramm. Mal benutzt FOUCAULT diesen Begriff konkret, durch den Gefängnis und Anstalten charakterisiert werden.[36] Dann wiederum gebraucht er den Begriff abstrakt, als eine "Maschine", die ihre Anwendung allgemein auf sichtbare Materie und aussagbare Funktionen findet. Er bezeichnet mit Panopticon im abstrakten Sinne also nicht nur keine Formen der Substanzen, und auch nicht Formen der Aussagen, vielmehr verweist er auf eine Kategorie der Macht. Panopticon bezeichnet eine beide durchdringende Funktion, eine Disziplinarfunktion[37]. Das Diagramm bewirkt durch seine Funktion eine Konstellation der Formationen im Raum.[38] Ein Diagramm ist eine Karte, eine Kartographie, die parallel zur Gesamtheit des sozialen Feldes existiert. Es ist eine Karte der Kräftebeziehungen, die in jedem Augenblick sich wandelnd von Punkt zu

---

32 Foucault, M. 1974: Die Ordnung der Dinge, Frankfurt, S. 38

33 So ist z.B. das Gefängnis (konkret verstanden als "Anordnung des Lichtes" eine "Inhaltsform", die aber auch eigene Aussagen hat, und seien es die neuen Hausordnungen. Auch das Strafgesetz als eine Aussageform hat eigene "Inhalte": das Auflisten einer neuen Form von Verstößen z.B. führt dazu, daß ein Verhalten (ein "Inhalt", da eine Form des Sichtbaren, ein Bild) das vorher nicht wahrgenommen wurde, nun auch mit zur Betrachtung mit herangezogen wird.

34 Vgl. Deleuze (1987:52)

35 Das Panopticon ist ein Inspektionsgebäude, welches von Jeremy BENTHON 1781 entworfen wurde. Für ihn stellt es eine neue Möglichkeit dar ‚to obtain power of mind over mind' (Philo, C. 1991: „Enough to drive one mad": the organization of space in 19th-century lunatic asylums, in: Wolch, J./ Dear, M. (Hg.): The Power of Geography. How territory shapes social life, Berystwyth, S.262). Die Idee ist, daß der Insasse zu jedem Zeitpunkt beobachtet werden kann. Um dem Insassen das Gefühl der dauernden Beobachtung zu geben, darf der Beobachter, wegen der faktischen Unmöglichkeit einer permanenten Beobachtung, selber nicht gesehen werden. Vgl auch Foucault (1976: 256f)

36 Vgl. Foucault, M. 1976: Überwachen und Strafen. Die Geburt des Gefängnisses, Frankfurt, S.256ff

37 Vgl. Foucault (1976:268ff)

38 Vgl. Deleuze (1987:102)

Punkt bestehen. Sie bestimmt, wie das Gesicht des Raumes in seiner materiellen und sprachlichen Struktur gestaltet ist.

3.2.3 Macht, Wissen und Wahrheit

"Ein Wissen ist das, wovon man in einer diskursiven Praxis sprechen kann."[39] Es verknüpft auf diese Art Sichtbares mit Sagbarem, wodurch aber nicht "Wahrheit" im absoluten Sinne entsteht, sondern nur etwas, das dem Diskurs entsprechend als "wahr" oder "falsch" bezeichnet wird. Wird es als wahr bezeichnet, so heißt es nicht, dass damit eine Übereinstimmung von dem Gesagten zu dem Gesehenen postuliert wird. So eine Übereinstimmung kann es gar nicht geben, denn die Formen des Lichtes sind in ihrem Wesen unterschiedlich von den Formen der Sprache. Die Wahrheit definiert sich also nicht durch eine Übereinstimmung und gilt als absolut, sondern erst in Verbindung mit der Macht. Es ist die Macht, die – in einem unübersehbaren Apparat –

> "die Wahrheit produzieren soll, - wenn er [der Apparat] sie auch im letzten Augenblick verhüllt."[40]

Foucault versteht Macht nicht attributiv, sondern relativ. Das heißt, sie ist nicht etwas, was man besitzt, sondern etwas, das sich erst in den Verhältnissen zueinander konstituiert.[41] Dabei ist sie nicht negativ bewertet, da sie diejenige ist,

> "die im Verhältnis zum Wissen Wahrheit erzeugt, insofern sie zum Sehen und zum Sprechen bringt."[42]

Sie macht Wissen überhaupt erst möglich, da sie "Wahrheit" und "Lüge" definiert. Wissen und Macht beeinflussen sich somit wechselseitig, verändern und bedingen sich gegenseitig:

---

[39] Foucault (1981:259)

[40] Foucault, M. 1988²: Der Wille zum Wissen. Sexualität und Wahrheit 1, Frankfurt, S.73

[41] Vgl. Matless, D. 1992: An occasion for geography: landscape, representation and Foucault's corpus, in *Environmental and Planning D: Society and Space, vol.10, S.46*

[42] Deleuze (1987:116)

"Es ist wohl anzunehmen, dass die Macht Wissen hervorbringt (und nicht bloß fördert, anwendet, ausnutzt), dass Macht und Wissen einander unmittelbar erschließen, dass es keine Machtbeziehung gibt, ohne dass sich ein bestimmtes Wissensfeld konstituiert, und kein Wissen, das nicht gleichzeitig Machtbeziehungen voraussetzt und konstituiert."[43]

Es sind die Machtverhältnisse, die Wahrheit erzeugen. Und diese Konstruktion ist nicht unabhängig von den "Praktiken des Sehens und Praktiken des Sagens".[44] In diesem dauernden Wechselspiel zwischen den Worten und den Dingen, dem wirklich Sichtbaren und Sagbaren und dem Auslassen der stummen Blicken und blinden Reden liegt für mich die Stärke der FOUCAULTschen Perspektive. Auch wenn er ein Primat der diskursiven Formationen gegenüber den nicht-diskursiven einräumt, so vergisst er nie die Körperlichkeit:

"Aber der Erfahrung des Menschen ist ein Körper gegeben, der *sein* Körper ist – Bruchstück eines nicht eindeutigen Raumes, dessen eigene irreduzible Räumlichkeit sich nach dem Raum der Dinge gliedert."[45]

Es ist die Räumlichkeit der Dinge, ihre Körperlichkeit, durch die sich die Macht und Wissenskonstellationen aktualisieren.

"The further I go in my work, the more it seems to me that formation of discourse and the genealogy of knowledge ought to be analysed not in terms of types of consciousness, modalities of perception or forms of ideology, but as tactics or strategies of power. These tactics and strategies are deployed by means of implantation, distribution, sections, control of territories, organization of domains, which taken together could constitute a sort of geopolitics, at which point my own preoccupations and scholarship meet up with yours, as Geographers. ... I think that Geography must be right at the heart of what I do."[46]

---

[43] Foucault (1976:39)

[44] Deleuze (1987:91)

[45] Foucault (1974:380) (Betonung von der Verf.)

[46] Foucault in Said, E. 1994: The Problem of Textuality: Two Exemplary Positions in Smart, B. (Hg.): Michel Foucault. Critical Assessments, Volume II, London, S.123

3.3 Die gesellschaftliche Konstruktion der Wirklichkeit

Mit FOUCAULT lässt sich erklären, aus welchem Grund nur bestimmte Aussagen, bestimmte Ansichten und Perspektiven gehört werden. Es ist der eine Diskurs, der sich formiert und alle Aussagen determiniert. Auch wenn Widerstand eine eigene Kategorie erfährt, so vermittelt die Perspektive des einen Diskurses keine Erklärung für das Anhalten eines bewaffneten Konfliktes, der von ungleichen Machtverhältnissen geprägt ist. Das Auftreten und Anhalten von bewaffneten Konflikten lässt sich mit der Theorie der sozialen Wirklichkeitskonstruktion erklären, der ein phänomenologischer Ansatz zugrunde liegt.

Nach Alfred SCHÜTZ begegnen wir der Wirklichkeit, der Alltagswelt mit einer "Einstellung des gesunden Menschenverstandes".[47] Wir erleben sie und machen unsere Erfahrungen. Die Erfahrungen werden mit anderen Erfahrungen in Verbindung gebracht, womit sie in einer Typenhaftigkeit erscheinen.

> "Jeder Schritt meiner Auslegung der Welt beruht jeweils auf einem Vorrat früherer Erfahrungen: sowohl meiner eigenen unmittelbaren Erfahrung als auch solcher Erfahrungen, die mir von meinen Mitmenschen, vor allem meinen Eltern, Lehrern usw. übermittelt wurden. All diese mitgeteilten und unmittelbaren Erfahrungen schließen sich zu einer gewissen Einheit in der Form meines Wissensvorrats, der mir als Bezugsschema für den jeweiligen Schritt meiner Weltauslegung dient. Alle meine Erfahrungen in der Lebenswelt sind auf dieses Schema bezogen, so dass mir die Gegenstände und Ereignisse in der Lebenswelt von vornherein in ihrer Typenhaftigkeit entgegentreten."[48]

Der Wissensvorrat liefert Deutungsschemata, mit denen wir die komplizierte Realität erfassen können. Mit seiner Hilfe klassifizieren, typisieren und interpretieren wir die Erfahrungen und verleihen ihnen

---

[47] Vgl. Abels 1998: Interaktion, Identität, Präsentation. Kleine Einführung in interpretative Theorien der Soziologie, Opladen, S.67
[48] Abels (1998:74)

dadurch einen Sinn. Durch Kommunikation erweisen sich bestimmte Erfahrungen als intersubjektiv.[49] Dabei halte ich die Unterscheidung von intersubjektiver Bedeutung und subjektivem Sinn, die häufig bei einem Kommunikationsakt nicht identisch sind, für wichtig. Es werden die subjektiven, aber auch die intersubjektiven Erfahrungen zu einem Wissensvorrat akkumuliert. Dieser wird bereits vorgefunden, gleichzeitig aber auch ununterbrochen neu hergestellt und weitergetragen. Daher kommt es, dass SCHÜTZ den Vorgang der Wissensansammlung "Sedimentierung" nennt.[50]

> "Dieses Wissen bildet die Bedeutungs- und Sinnstruktur, ohne die es keine menschliche Gesellschaft gäbe."[51]

Diesen sedimentierten Wissensvorrat bezeichne ich nach JÄGER/LINK als den Interdiskurs. Die Überzeugung, dass die subjektive Wirklichkeit objektiv ist, erhält man durch die sogenannten "signifikanten Anderen"[52]. Durch die Routine des gleichen Handelns und vor allen Dingen mit der Hilfe einer gemeinsamen Sprache, in der sich eine symbolische Wirklichkeit ausdrückt, versichern wir uns, dass wir in einer gemeinsamen Wirklichkeit leben.

Dass die als die Wirklichkeit empfundene Wirklichkeit nicht objektiv ist, zeigt sich im Konfliktfall. In alltäglichen Auseinandersetzungen tauchen die Widersprüche der Wirklichkeiten auf. Um seine Wirklichkeit als die Wirklichkeit wieder geltend zu machen, ist man versucht, mit Hilfe einer gemeinsamen Sprache über diese Widersprüche hinwegzusehen. Sind die Widersprüche jedoch zu groß, so lässt sich keine gemeinsame Sprache mehr finden, in der die symbolische Wirklichkeit beider Seiten

---

[49] Vgl. Kim, T. 1992: Realitätsprinzipien und Kommunikationsmodelle. Eine Studie zur Grundlegung der notwendigen Bedingungen der zwischenmenschlichen Kommunikation und zum Aufbau von Kommunikationsmodellen in der Wirklichkeit, Münster, S.42

[50] Vgl. Berger, P./ Luckmann, T. 1969: Die gesellschaftliche Konstruktion der Wirklichkeit, Frankfurt am Main, S.64

[51] Berger/ Luckmann (1969:3)

[52] Berger/ Luckman (1969:161)

gleichermaßen ausgedrückt werden kann. Geraten zwei gesellschaftlich konstruierte Wirklichkeiten in einen Konflikt, so erschwert sich die Suche nach einer Sprache, welche beide Wissensvorräte und typisch relevante Erfahrungsschemata aufzunehmen versteht. Die Bereitschaft, die andere Wirklichkeit als berechtigt anzuerkennen, schwindet in dem Maße, in dem die eigenen Erfahrungen unerträglich werden oder sich die eigenen Handlungen nur mit den eigenen Deutungsschemata legitimieren lassen.

Die "Architekturmetapher" in der "gesellschaftlichen Konstruktion der Wirklichkeit", entlarvt "die" Wirklichkeit als eine – gleich einem Haus – durch menschliche Tätigkeit im Bewusstsein errichtete gesellschaftliche Wirklichkeit. Diese Wirklichkeit wird im Bewusstsein des Individuums konstruiert. Das heißt nicht, dass es keine Objektwelt gäbe, sondern dass die Bedeutung, die in ihr geschrieben und gelesen wird, intersubjektiv konstruiert wird. Aus dieser Perspektive erklärt sich das Aufbrechen von Konflikten und die Unmöglichkeit einer gemeinsamen Sprache. Sie suggeriert aber, dass jeder konstruierten Wirklichkeit gleiche Machtwirksamkeit in der Gestaltung dieser Wirklichkeit zukommt und erklärt nicht, warum manche Erfahrungen und Deutungsschemata langfristig unwirksam bleiben. Dies lässt sich mit der Existenz von Diskursen erklären.

3.4 Im Schatten des Diskurses des Nahostkonfliktes: die Existenz eines eigenen Diskurses

Der "Raum" ist und bleibt ein faszinierender geographischer Gegenstand. Allerdings muss man ihm in der Sozialgeographie (auch!) in einem anderen ontologischen Zustand suchen. Die Wirklichkeit ist im Prozess intersubjektiver Bedeutungsvermittlung sozial konstruiert, wobei die Sprache ein wichtiges Instrument zur Vermittlung und zur Konstruktion darstellt. **WERLEN**, **KLÜTER** und **HARD** haben "Raum" von seiner immanenten Verdinglichung befreit und ihn in seiner sprachlichen

Struktur als einen salonfähigen Gegenstand der Sozialgeographie präsentiert. Für die Betrachtung von Konflikträumen halte ich die gleichwertige Akzeptanz beider "Räume" – aus Wörtern und aus Dingen bestehend – für notwendig. Die Philosophie, die beide Dimensionen zusammenbringt, hat FOUCAULT geliefert. Dabei entwirft er ein dynamisches Bild, durch dessen treibende Kraft die Macht in den Zusammenhang von Wissen und Wahrheit gestellt wird und den Diskurs definiert. Betrachtet man den Nahostkonflikt, so wird jedoch deutlich, dass im Schatten der Ordnung des Diskurses eine andere Ordnung zu erkenne ist. Es ist dieses Unsagbare, was mit der FOUCAULTschen Philosophie nicht zu erfassen ist, dessen Existenz jedoch in den "Bildern" des Konfliktes deutlich zum Vorschein kommt. Bernhard WALDENFELS identifiziert den Diskurs als aus

> "der Differenz zwischen dem, was man unter bestimmten Umständen sagen kann, und dem, was noch nicht ist, sondern den Diskurs als einen Schatten begleitet [bestehend]."[53]

Und auch wenn sich in dem durch die ungleichen Machtverhältnisse geprägten Konflikt des Nahen Ostens der Diskurs deutlich von seinem Schatten abhebt, so ist das weitere Bestehen eines offen ausgetragenen Konfliktes ein Zeichen dafür, dass sich in diesem Schatten, dem "Ungeordneten und Außerordentlichen"[54] eine Ordnung befinden muss, dass es Formationen von Aussagen geben muss, die der durch den Diskurs produzierten Wahrheit eine andere Wahrheit entgegensetzen, ohne von dem Diskurs neutralisiert zu werden. Es existiert ein eigener Diskurs, der sich in seiner eigenen Sprache, dem palästinensischen Dialekt, mit eigenen Begriffen, Strategien und Äußerungsmodalitäten artikuliert, und nicht einfach als die negative Spiegelung des dominierenden Diskurses zu betrachten ist.[55] Er verfolgt eine "andere

---

[53] Waldenfels, B. 1994: In den Netzen der Lebenswelt, Frankfurt, S.126
[54] Waldenfels (1994: 126)
[55] Vgl. Pile, S./ Keith, M.1997: Geographies of Resistance, London, S. xi

materielle Struktur seiner Zeichen und ihrer üblichen Verkettung"[56] und richtet sich, auch in seiner Rhetorik, nach anderen "diskursiven Regeln"[57]. Es ist der Diskurs derjenigen, die Widerstand gegen die israelischen Praktiken leisten, ohne irgendeine Stimme im israelischen Diskurs zu besitzen. Es ist der kaum zu hörende Diskurs der Machtlosen, der in den "blinden Flecken" zu hören ist.

> "[We are looking at] the elsewhere of discourse here and now, the blind spots or space–off, of its representations. ... It is a movement between the (represented) and what the representation leaves out or, more pointedly, makes unrepresentable. It is a movement between the (represented) discursive space of the positions made available by hegemonic discourses and the space-off, the elsewhere of these discourses."[58]

In diesen "blinden Flecken" findet man eine andere Wirklichkeit, deren Tatsachen auf eine andere Weise konstruiert werden. Andere "Bilder" von Abriegelungen, Festnahmen und Landkonfiskationen kommen zum Vorschein. Aber "Tatsachen" ermöglichen keine Aussage über ihren Wahrheitsgehalt. Die Sprechweise selbst, die man zur Beschreibung der Tatsachen benutzt, greift in den Prozess ein, der darüber entscheidet, was als "wahr" oder "falsch" gelten soll. Die Palästinenser kann man entweder als "Freiheitskämpfer" oder als "Terroristen" beschreiben. "Es ist eine Tatsache, dass sie kämpfen, aber was bedeutet der Kampf?"[59] Man erkennt zwei Diskurse, einmal "Terroristen" und einmal "Freiheitskämpfer". Und beide beanspruchen Wahrheit. Aber nicht beide können in gleicher Weise darüber entscheiden, welche "Bilder" als Aussagen in den eigentlichen, den dominierenden Diskurs aufgenommen werden. So kommt es, dass die "Bilder", die sich täglich an den Checkpoints, bei Hauszerstörungen oder Landkonfiskationen

---

[56] Link, J. 1982a: Einleitung, in: *KultuRRevolution Nr.1, S.3*

[57] Link (1982a:3)

[58] Teresa DE LAURETI zit. nach Soja, E. 1999: Thirdspace: Expanding the Scope of the Geographical Imagination, in: Massey u.a. (1999:273)

[59] Hall, S.1994: Rassismus und kulturelle Identität, Hamburg, S.152

ereignen, in diesem Diskurs keine Erwähnung finden. Diese "Bilder" finden Eingang in dem anderen Diskurs, der den palästinensischen Wissensvorrat und seine Deutungsschemata transportiert. In diesem Diskurs, der im palästinensischen Dialekt geführt wird und der sich trotz der existierenden Machtverhältnisse erhalten hat, vermute ich einen Raum. Der palästinensische Diskurs sticht weniger deutlich hervor und gleicht mehr dem diskursiven "Gewimmel" eines Interdiskurses. Den Raum, den ich in dem palästinensischen Interdiskurs zu finden glaube, möchte ich mit Hilfe der Diskursanalyse der Duisburger Schule anhand des Diskurses um den Konfliktgegenstand, das Land, ausgraben.

3.5 Die Diskursanalyse der Duisburger Schule

Die Duisburger Schule mit Siegfried **JÄGER** und Jürgen **LINK** hat die **FOUCAULT**sche Diskurstheorie aufgegriffen und für die Erfassung von Diskursen in einer Methode der Diskursanalyse konkretisiert.[60] Dabei ist noch einmal zusammenfassend zu sagen: der Diskurs ist lediglich die sprachliche Seite einer diskursiven Praxis. Demnach betont der Diskursbegriff die enge Verbindung zu Praktiken und Macht. Dieser Diskursbegriff steht somit im Gegensatz zu dem **HABERMAS**schen herrschaftsfreien Diskursverständnis. Ein Diskurs ist nach **LINK:**

> "institutionalisierte, geregelte redeweisen (sic!), insofern sie an handlungen (sic!) gekoppelt sind und also machtwirkungen (sic!) ausüben."[61]

Die Regelung kommt dadurch zustande, dass der in den Diskursen transportierte Wissensvorrat und die Deutungsschemata eine relative Stabilität aufweisen. Durch die relative Verhärtung der objektivierten Bedeutung erhält der Diskurs seine Strukturierung.[62]

---

[60] van Dijk, T. 1997: Discourse as Social Interaction. Discourse Studies: A Multidisciplinary Introduction, Volume 2, London, S.267

[61] Link, J. 1986: Noch einmal: Diskurs. Interdiskurs. Macht, *kultuRRevolution, Nr. 11.,* S.71

[62] Vgl. Jäger, S. 1993: Kritische Diskursanalyse. Eine Einführung, Duisburg. S.153

Der Diskurs der Duisburger Schule:

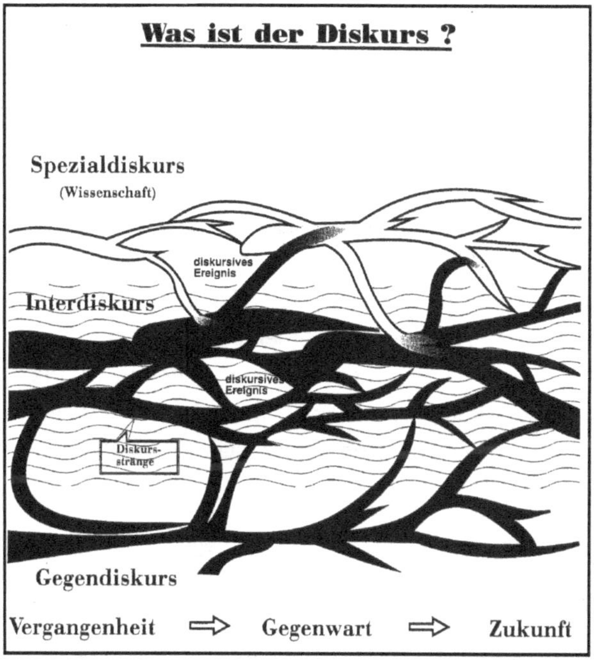

Quelle: Jäger (1993:156)

Prinzipiell sind Spezialdiskurse (der Wissenschaften) von dem "Interdiskurs" zu unterscheiden, der alle nicht wissenschaftlichen Diskurse umfasst.[63] Der Interdiskurs ist nicht derartig geregelt wie die Spezialdiskurse. Er ist praktisch der dynamische Begriff für den "Wissensvorrat und die objektivierten Erfahrungen" von **Berger** und **Luckmann** und ist dementsprechend weder widerspruchsfrei noch irgendwie systematisch, weshalb **Link** von einem "flukturierenden

[63] Vgl. Jäger (1993:181)

Gewimmel" spricht.[64] Der Interdiskurs stellt ein System kollektiver Symbole bereit. Dieses System kollektiver Symbole besteht kurz aus:

> "allem, was die "phantasie" nun einmal verlangt, damit die menschen (sic!) handeln, schon gar, revolutionen (sic!) machen."[65]

Das System kollektiver Symbole stellt dadurch, dass alle Diskurse mit dem Interdiskurs in Verbindung stehen, einen "Kit" des gesellschaftlichen Gesamtdiskurses dar. Ein Diskurs lässt sich in unterschiedliche "Diskursstränge" aufteilen, die sich auf verschiedenen "Diskursebenen" (z.B. die politische, mediale, alltägliche oder wissenschaftliche Ebene) bewegen.[66] Ein Diskursstrang besteht aus einer gewissen Menge "Diskursfragmenten". Ein Diskursfragment ist ein Text oder besser ein Textteil, der einem bestimmten Thema zuzuordnen ist. Ein Text kann prinzipiell mehrere Diskursfragmente zu unterschiedlichen Diskursen enthalten. Das Ziel der Diskursanalyse ist es,

> "das Netz zu entwirren, wobei in der Regel so verfahren wird, dass zunächst einzelne Diskursstränge auf einzelnen Diskursebenen herausgearbeitet werden."[67]

In einem zweiten Schritt sollte man dann auf den gesamtgesellschaftlichen Diskurs gelangen. JÄGER geht dabei in fünf Analyseschritten vor, wobei er darauf verweist, dass dies kein allgemeingültiges "Rezept" darstellt, sondern vielmehr eine "Einstiegshilfe" für eine konkrete Analyse.[68] Als erstes sollte die **Makrostruktur**, der Gesamtinhalt des Diskursfragmentes untersucht werden. Zweitens gilt es, den **nicht-sprachlichen Kontext** zu

---

[64] Vgl. Link (1986:5)

[65] Link, J. 1983: "Diskurs" und/oder "Ideologie"?, *kultuREvolution, Nr.4,* S.48 (Betonung im Original.)

[66] Vgl. Jäger (1993:180ff)

[67] Jäger (1993:184)

[68] Vgl. Jäger (1993:187) Da sich JÄGERS konkrete Fragestellungen auf einen gedruckten medialen Text beziehen, mußte ich dementsprechend diese auf einen Sender bezogen umformulieren.

betrachten, und drittens ist eine Analyse des **sprachlichen Kontextes** vorzunehmen. Als vierter Schritt ist die **Mikroanalyse** vorgesehen. Das ist die Formanalyse, in der man versucht, eine Regelhaftigkeit in der sprachlichen Form durch das Aufspüren von Kollektivsymbolen, Metaphern oder Redewendungen zu erkennen. Erst danach kann in einem fünften Schritt eine systematische Darstellung des gewählten Diskursfragmentes erfolgen.[69] Von dem Diskursfragment soll nun auf den Diskursstrang bzw. den gesamtgesellschaftlichen Diskurs geschlossen werden. Dabei ist zu betonen, dass

> "die Trennung von Quantität und Qualität in der Diskurstheorie und somit auch in der Diskursanalyse aufgehoben [ist]. Da bereits das Einzelne sozial ist, bereitet der Übergang vom Individuellen zum Gesellschaftlichen keine prinzipiellen Schwierigkeiten."[70]

Inwieweit sich von dem Besonderen auf das Allgemeine schließen lässt, ist also kein qualitativer Unterschied, sondern eine Frage der Vollständigkeit. Diese ist dann gewährleistet, sobald aus den einzelnen Fragmenten keine wesentlichen neuen Ereignisse erfaßt werden, was häufig bereits nach einer geringen Anzahl von Fragmenten der Fall ist.[71]

Die Bedeutung der medialen Ebene der Diskurse für die Konstruktion der sozialen Wirklichkeit und deren seit neuerer Zeit von der Friedens- und Konfliktforschung anerkannter tragender Funktion für die Eskalation oder De-eskalation von Konflikten ist ausschlaggebend für die Wahl dieser Diskursebene als Indikator für den gesamtgesellschaftlichen Diskurs.

---

69 Vgl. Jäger (1993:188)
70 Jäger (1993:202)
71 Vgl. Jäger (1993:217)

3.5.1 Verzerrung und Verfärbung der interdiskursiven Aussagen auf der medialen Ebene

In der gesellschaftlichen Konstruktion der Wirklichkeit wurde deutlich, dass die Intersubjektivität entscheidend ist für die attributive Verleihung von "wirklich" oder "real". Die Bedeutung, die jemand einem Ereignis zuschreibt, verlangt, um als "richtig" oder "wahr" zu gelten, nach einer Bestätigung von Anderen. Die Massenmedien sind intersubjektiv, weshalb man ihre Wirklichkeitskonstruktion als "wahr" kommentiert, wodurch ihnen eine besondere Bedeutung in der gesellschaftlichen Wirklichkeitskonstruktion zukommt.

> "Die Medien sind in allen modernen Gesellschaften zu einem mental, wie wirtschaftlich und politisch entscheidendem Faktum, zu einem Wirklichkeitsgenerator *sui generis* geworden."[72]

Die Medien sind Instrumente, welche zur kognitiven und kommunikativen Wirklichkeitskonstruktion bereitstehen und dadurch bestimmte Wirklichkeiten verfestigen, objektivieren. Dabei sind sie keineswegs mit realen Tatsachen identisch und dürfen auch nicht mit der sozialen Wirklichkeitskonstruktion gleichgesetzt werden.[73] Es ist eine explizite Darstellung von Ereignissen, eine *Re-präsentation*, die bei ihrer Selektion und Neu-kombination der Ereignisse nicht nur der Wirklichkeitskonstruktion des Journalisten und der gesellschaftlichen Wirklichkeitskonstruktion unterworfen ist, sondern auch der Funktionsweise der Organisation, welche die Berichte konstruiert. Die Selektion aus den vielen sich ereignenden "Bildern" ist natürlich nicht

---

[72] Merten, K./ Schmidt, J./ Weischenberg, S. (Hg.) 1994: Die Wirklichkeit der Medien, Opladen, S.1

[73] Die mediale Wirklichkeitskonstruktion konstituiert einen Diskurs, in dem bestimmte Ereignisse, also "Bilder" in eine Aussageform überführt und verbreitet werden. Die Fernseh- und Zeitungsbilder stellen wohlgemerkt keine direkte Verbreitung von "Bildern" dar, sondern sind, wie FLUSSER einleuchtend zeigt, weiterverarbeitete Aussagen zu einer visuellen Form. Vgl. Flusser, V. 1998: Medien. Kultur, Frankfurt. Durch die Überführung der "Bilder"des Ereignisses in eine Aussageform erhalten diese eine Bedeutung. Nicht nur weil die Ereignisse bedeutend sind, wird darüber berichtet, sondern weil darüber berichtet und geredet wird, sind sie bedeutend. Diese Dialektik ist verantwortlich für die Macht der Medien und für ihr Potential, Ereignissen eine Bedeutung zu verleihen.

zufällig. Sie unterliegt neben der bewussten Wahl des Journalisten, die von gewissen äußeren Rahmenbedingungen abhängt, Selektionskriterien, die der Nachrichtenproduktion immanent sind.[74] Die Notwendigkeit, aufgrund des Konkurrenzdruckes und der Erwartungshaltung der Rezipienten nur Ereignisse mit hohem Nachrichtenwert als Nachricht zu verkaufen, führt auch ohne strategische Auswahl zu einer eigenartigen Verstümmelung der tatsächlichen Vorkommnisse. Wird eine Meldung als Nachricht selektiert, so muss sie entsprechend der Nachrichtenfaktoren akzentuiert, modifiziert, d.h. entstellt werden. Deswegen ist die Formation der medialen Streuung von Aussagen nicht mit der Streuung der gesamtgesellschaftlichen Diskurses identisch, aber ihr doch in gewisser Weise ähnlich, weshalb ich von einer medialen Verzerrung der gesamtgesellschaftlichen diskursiven Formation sprechen möchte. In jeder medialen Produktion ist eine Verzerrung (= Entstellung und Selektion der Aussagen; das "framing" der Aussagen) immanent. Wenn zusätzlich zu der produktionsbedingten Selektion und Entstellung bestimmte Aussagen mit dem Ziel der Manipulation hinzugefügt oder weggelassen werden, d.h. die Darstellung bewusst getönt wird, spreche ich von einer *Verfärbung*. Meist ist dieser Prozess so dominant, dass er den ganzen Text in eine Farbe hüllt, wodurch dieser dann nur noch diese eine Aussage weitervermittelt.

3.5.2 Der Wissensvorrat und seine Deutungsschemata des gesamtgesellschaftlichen Diskurses auf der medialen Diskursebene

Auch wenn die Nachrichtenproduktion von den Nachrichtenfaktoren determiniert und den organisatorischen Filtermechanismen unterworfen ist, so handelt es sich doch um einen Prozess der Kommunikation.

---

[74] In einer einflußreichen Studie aus den 60er Jahren haben die Konfliktforscher Johan GALTUNG und Mari Holmboe RUGE zwölf Nachrichtenfaktoren für die westlichen Medien herausgearbeitet. Diese Faktoren stellen die bestimmende Größe dafür dar, welche Bedingungen ein Ereignis zu erfüllen hat, damit es als eine Nachricht in der medialen Diskursebene aufgenommen wird. Vgl. Galtung, J./ Ruge,

Durch die Darstellung eines Ereignisses kommuniziert der Journalist mit den Rezipienten. Damit Kommunikation möglich ist, muss er das Ereignis entsprechend der intersubjektiven Deutungsschemata und Symbolsysteme darstellen[75], wobei er sich auf den sozialen Wissensvorrat bezieht.[76] Weiterhin muss er das Ereignis, welches sich in einem ausgesprochen komplizierten Zusammenhang ereignet hat, soweit vereinfacht darstellen, dass es von seinen Rezipienten direkt aufgenommen werden kann. Dieser Prozess wird "framing" genannt.

> "To frame is to select some aspects of a perceived reality and make them more salient in a coming text, in such a way as to promote a particular problem definition, causal interpretation, moral evaluation, and/or treatment, recommendation for the item described."[77]

Die Repräsentation vereinfacht also die komplizierten Sachverhalte dadurch, dass das Deutungsschema gleich mitgeliefert wird. Dieses "framing"[78] findet auf verschiedenen mehr oder weniger bewussten Ebenen statt. Eine davon ist die des objektivierten Wissensvorrats und seiner Deutungsschemata. Sie lässt sich verstehen als:

> "the empirically demonstrable set of common frames exhibited in the discourse and thinking of most of the people in a social grouping."[79]

Die Darstellung ist eine explizite, kreative Wirklichkeitskonstruktion, eine Re-präsentation der Wirklichkeit, die durch die Augen des Journalisten mit seiner Kreativität für die Rezipienten geschaffen wurde. Das Ereignis wird aus seinem Kontext herausgerissen und bekommt als "Mitteilung"

M. 1965: The structure of foreign news, in: *Journal of International Peace Research, no.2,* S.64-91

75 Vgl. Hunziker, P. 1988: Medien, Kommunikation und Gesellschaft. Einführung in die Soziologie der Massenkommunikation, Darmstadt, S.2

76 Vgl. Kim (1992:115)

77 Entman, R. 1993: Framing: Towards Clarification of a Fractured Paradigm, *Journal of Communication, Autumn,* S.52

78 Das heißt ‚frames' definieren (a) ein Problem, (b) diagnostizieren sie die Ursachen, (c) bewerten sie und (d) bieten sie Lösungsvorschläge an.

79 Entman (1993:53)

eine sozio- kulturelle Verpackung. Der Unterschied zwischen der medialen und einer fiktionalen Wirklichkeitskonstruktion besteht darin, dass im Journalismus das Ereignis, das "Bild" die Art und Weise der Darstellung bestimmen sollte.

> "...journalists react to what they see and hear in the field, they look for the best narrative fit."[80]

Um die passende Erzählung zu finden, müssen sich die Journalisten beim "framing" an gegebenen Deutungsschemata der Diskurse orientieren. Auf der einen Seite richten sie sich nach dem Diskurs. Auf der anderen Seite sind es gerade die Medien, die diese Schemata im Diskurs formieren und verfestigen.[81] Sie sind es, die den Ereignissen überhaupt eine Bedeutung verleihen.[82]

Durch die Intersubjektivität des medialen Diskurses findet eine Objektivierung statt, die das "fluktuierende Gewimmel" des Interdiskurses ein wenig verfestigt und greifbar macht. In dieser Funktion können Medien als Indikator für den Interdiskurs gewählt werden, lassen sich aus der medialen Diskursebene unter Berücksichtigung der organisatorischen Verzerrung und Verfärbung Aussagen des Interdiskurses herausdestillieren.

---

[80] Vgl. Wolfsfeld, G. 1997: Media and political conflict. News from the Middle East, Cambridge, S. 34f

[81] Das heißt, es gilt dann, wenn dem Journalisten durch den Diskurs ein Platz als ein *Aussage* formulierendes Subjekt zukommt.

[82] Vgl. Gamson, W. 1989: Media Discourse and Public Opinion on Nuclear Power: A Constructivist Approach, *American Journal of Sociology, vol.95, no.1*, S.3

4 Feldforschung: Eine Analyse des Landdiskurses in Palästina

4.1 Untersuchungsplan für die Feldforschung

Nach der Darlegung der theoretischen Grundlagen sowie dem Blick auf den Realraum möchte ich nun das erarbeitete Instrumentarium zur Analyse des Diskurses um Land in Palästina anwenden. Dieser Diskurs, der sich im Schatten des israelischen Diskurses formiert, ist nicht leicht greifbar. Er besteht aus einem "fluktuierenden Gewimmel" eines Interdiskurses, in dem der Wissensvorrat und seine Deutungsschemata konserviert und die entsprechenden Kollektivsymbole weiter transportiert werden. Um Zugang zu diesem Diskurs zu erlangen, wähle ich die mediale Diskursebene als einen Indikator. Dabei muss ich sowohl die mediale Verzerrung, die sich durch Selektion und Neuordnung der Ereignisse ergibt, als auch eine mögliche Verfärbung des medialen Diskurses in die Betrachtung mit einbeziehen. Letzteres ist dann zu beobachten, wenn die Medien als Propagandaapparate fungieren, und sich nicht wie in demokratischen Gesellschaften an dem gesamtgesellschaftlichen Diskurs bzw. dem Interdiskurs zu orientieren haben.

Mein Ziel war eine mediale Landdiskursanalyse. Da ich aber kein Teilnehmer der palästinensischen Gesellschaft bin, musste ich mich zunächst mit dieser Gesellschaft vertraut machen. Dabei baute ich auf meinem einjährigen Aufenthalt 1997/1998 in Ramallah auf, womit ich mir ein Grundverständnis dieser Gesellschaft verschafft hatte. Der Weg zum "going native"[83] war das Leben in einer palästinensischen Familie, der ich zu großem Dank verpflichtet bin. Meine Untersuchung basiert auf eine Feldforschung in Ramallah, Palästina, die ich im Frühjahr 1999 durchgeführt habe. Die wichtigste Methode war dabei die "teilnehmende

[83] Vgl. Girtler, R. 1992: Methoden der qualitativen Sozialforschung, Wien, S.63ff

Beobachtung"[84], die ich mit anderen Erhebungsmethoden mit Formen des Leitfaden- Interviews[85], und zwar mit ethnographischen Interviews[86] und dem Experten-Interview[87], trianguliert habe.

Die Methode der Duisburger Schule und die Untersuchungen zur medialen Wirklichkeitskonstruktion sind in westlichen Informationsgesellschaften entwickelt worden. Die Medien haben hier eine bestimmte Funktion, Organisation und Selbstverständnis, das sich natürlich nicht so einfach auf andere Gesellschaften übertragen lässt. Dennoch ist prinzipiell die Methode, sowie die Annahmen einer sozialen Wirklichkeitskonstruktion auch auf andere Gesellschaften anwendbar. Das hängt mit den für alle Gesellschaften Gültigkeit beanspruchenden philosophischen Grundannahmen zusammen. Allerdings muss bei den einzelnen Schritten der Diskursanalyse Andersartigkeit der medialen Aussageproduktion berücksichtigt werden.[88] Um von den medialen Aussagen zum Interdiskurs zu gelangen, müssen die Mechanismen der medialen Verzerrung und ihre Verfärbung geklärt sein. Mit Hilfe eines Verständnisses der Funktion der Medien, ihrer Organisation und dem Selbstverständnis der Journalisten können diese Mechanismen herausgearbeitet werden.

Dafür halte ich es notwendig, einen Blick in die Geschichte zu werfen. Sowohl die politische Situation als auch die arabische Journalismustradition haben die mediale Aussagenproduktion entscheidend geprägt. Mit den neuen gesetzlichen Rahmenbedingungen schlagen die Palästinenser einen eigenen Weg ein, der von der

---

84 Vgl. Bogdan, R./Taylor, S. 1975: Introduction to qualitative research methods, New York, S.25ff

85 Vgl. Flick, U. 1996: Qualitative Forschung. Theorien, Methoden, Anwendungen in Psychologie und Sozialwissenschaften, Reinbek, S.94ff

86 Vgl. Spöhring, W: 1995: Qualitative Sozialforschung, Stuttgart, S.181 ff., Flick (1996:111f)

87 Vgl. Flick (1996:109)

88 Vgl. Al- Khatib, N.: Drei grundlegende Wege, die eine qualitative Veränderung der palästinensischen Medien bewirken, in: Al-Khatib, N./ Al-Baghouthi, H./ Ghazlân, 'A./ Mahmud, R./ Raghib, J. 1995: Der Journalismus auf dem Weg, das professionelle Niveau zu heben (*aṣ-ṣuḥuf fī-l-ṭarīq zāda al-mustawa al-mihanīya*), Ramallah.

journalistischen Produktion der arabischen Staaten abzuweichen scheint. Ein allgemeiner Überblick über die palästinensische Medienlandschaft ist notwendig, um die gewählten medialen Diskursfragmente in der medialen Ebene zu positionieren. Ich möchte mediale Diskursfragmente des Radios als Indikator für den Interdiskurs verwenden. Das Radio bietet sich insofern an, da aufgrund seiner Einfachheit und seiner Verbalität alle Segmente der palästinensischen Gesellschaft, und nicht nur die Alphabeten, angesprochen werden. Außerdem haben die Palästinenser mit den Osloer Verträgen, einem diskursiven Ereignis des Landdiskurs, nicht nur über einzelne territoriale Stücke eine Selbstverwaltung erhalten, sondern auch eine Fernseh- und eine Radiofrequenz zugestanden bekommen. Bereits in der Intifada spielte das Radio eine besondere Rolle in der palästinensischen Gesellschaft. Ich möchte anhand der Sendungen auf dieser neu zugestandenen Frequenz, die vom "staatlichen" Radiosender: *Ṣawt Filasṭīn* (Stimme Palästinas) benutzt wird, den Landdiskurs analysieren. Außerdem möchte ich zu der Landdiskursanalyse des staatlichen Radiosenders die Analyse eines repräsentativen privaten Radiosenders: *Ḥubb wa Salām* (Liebe und Frieden) heranziehen. Bei meiner Vorgehensweise halte ich mich an die Methode von **JÄGER/LINK.** Entsprechend der engen Verbindung des Diskurses an die Praktiken muss zuerst der nicht-sprachliche Kontext des Diskursfragmentes geklärt werden. Dazu gehören sowohl die Leitideen des Senders, sein Aufbau und seine Organisation als auch das diskursive Ereignis, über das berichtet wird. Das von mir gewählte Einzelereignis ist der "Tag der Wut" am 3. Juni 1999. Aus den Sendungen dieses Tages habe ich die Diskursfragmente ausgewählt. Des weiteren muss der sprachlicher Kontext dargelegt werden, der sich im Falle eines Radiosenders auf seine Formatauswahl und die allgemeine Programmgestaltung bezieht. Hier muss ich auch auf die Besonderheit der arabischen medialen Sprache eingehen. Nach der Makro- und Mikroanalyse kann ich unter Einbeziehung der medialen Verzerrung und ihrer Verfärbung auf den

Interdiskurs schließen, den ich anschließend in den Kontext des Konfliktes stellen möchte. Mit der Beobachtung des palästinensischen Landdiskurses nach der Unterzeichnung des Wye River Abkommens im Oktober 1998 möchte ich auf eine sozialgeographische Raumauffassung für die Betrachtung von Konflikten schließen.

Bei meiner Vorgehensweise zur Theoriebildung einer Raumauffassung für Konflikträume habe ich mich an der "grounded theory" von Barney GLASER und Anselm STRAUSS orientiert.[89] Sie stellt ein zirkuläres Modell des Forschungsprozesses dar, in dem Auswertung und Erhebung ineinander verzahnt sind und in dem während des Untersuchungsprozesses eine Theorie entwickelt werden kann. Die Methode gewährleistet, dass sich der jeweils folgende Schritt an den vorgefundenen Tatsachen orientiert. So kann möglichst offen an die bisher noch nicht bearbeitete Fragestellung nach dem medialen palästinensischen Diskurs herangegangen werden. Mehrere gegenstandsbezogene Theorien können eine formale Theorie bilden, zum Beispiel eine Raumtheorie für die Betrachtung von Konflikträumen.[90]

Ich kann die hohen Anforderungen einer Theorieentwicklung im Sinne der "grounded theory" hier nicht leisten. Wohl aber kann von bestimmten Zwischenergebnissen der gegenwärtigen medialen Präsentation des Landdiskurses gesprochen werden, die Schlussfolgerungen für eine Raumauffassung in der Betrachtung von Konflikten zulassen. Um den gegenwärtigen palästinensischen Diskurs um Land vollständig zu beschreiben, müßte man sowohl historisch viel "archäologischer" arbeiten als auch eine breitere Analyse der gegenwärtig fallenden Aussagen in Angriff nehmen.[91] Deswegen spreche ich von einem

---

[89] Vgl. Flick (1996:60ff)

[90] Wiedemann, P. 1991: Gegenstandsnahe Theoriebildung, in: Flick, U./ Kardorff, E./ Keupp, H./ Rosenstiel, L./ Wolff, S. (Hg.): Handbuch. Qualitative Sozialforschung, München, S.441

[91] Betrachtet man z.B. eine palästinensische Darstellung der Medienentwicklung, so ist die

Zwischenergebnis. Von diesem lässt sich dennoch eine am Gegenstand des Nahostkonfliktes entwickelte Theorie der Zwei- Kampfschauplätze formulieren. Mit dem FOUCAULT'schen Ansatz ist es möglich, eine Richtung aufzeigen, in der eine sozialgeographische Raumauffassung für die Betrachtung von Konflikten erfolgen könnte.

4.1.1 Der Feldkontakt

Den Rahmen bildete ein dreimonatiges Projekt im Sommer 1999, welches eine Freundin und ich in Zusammenarbeit mit dem Media Resource Center der Universität Birzeit entworfen hatten, und welches als ein ASA-Projekt (Arbeits- und Studienaufenthalte im außereuropäischen Ausland) von der Carl-Duisberg Gesellschaft finanziert wurde. Das Media Resource Center ist ein Institut der Medienfakultät der Universität Birzeit, das zusätzlich zu den Ausbildungslehrgängen eingerichtet wurde.[92] Es befindet sich nicht auf dem Campus, sondern ist zentral in Ramallah gelegen. Sein Ziel ist, die Entwicklung der palästinensischen Medien theoretisch zu begleiten und zu dokumentieren und mit Weiterbildungsangeboten für Journalisten praktisch zu unterstützen. Hier werden Computer mit Internetzugang, Satellitenfernsehen und Zeitungen zur Verfügung gestellt und Fortbildungsseminare angeboten. Außerdem soll hier eine Medienbibliothek aufgebaut werden. Ein weiteres Anliegen ist es, einen Treffpunkt für Journalisten zu verkörpern. Damit hofft man das Selbstbewusstsein des Journalistenmetiers zu stärken und dessen Rechten Durchsetzungskraft zu verschaffen. Die Journalisten begegnen

---

Kategorisierung äußerst interessant. (ABU SHANAB unterscheidet z. B. die Etappe der nationalen Formierung (-1948), die Etappe der Überwinterung (die bis zur Gründung der PLO am 28.5.1964 reicht), die Etappe der nationalen Mobilmachung (-1967) und die Etappe der Revolution (-1982) (vgl. Abu Shanab, H. 1988: Palästinensische Medien (*al-'i'lām al-filasṭīnī*), Amman, S.25ff). Es wäre interessant zu verfolgen, mit welchen Ereignissen welche Begriffe in den Diskurs aufgenommen wurden: wann sich z.B. "*waṭan*" durchsetzte, und wann es der palästinensische Boden und kein arabischer Boden wurde etc. Dies ist notwendig, um die Komplexität des arabischen Diskurses gerecht zu werden.

[92] Vgl. http://www.birzeit.edu/

sich hier, knüpfen Kontakte und tauschen Informationen aus. Unser Kooperationspartner, der Direktor des Zentrums Nabhan **KHREISHEH**, ließ uns bis auf ein wöchentliches Treffen vollkommen freie Hand in der Gestaltung der Studien, stellte uns aber seine Hilfe jederzeit zur Verfügung.

Über das Projekt war zumindest der erste Feldkontakt hergestellt. Ich konnte eine Position einnehmen, die mir obwohl ich kein Journalist war erlaubte, ohne besonders aufzufallen, täglich in dem Media Resource Center zu erscheinen. Somit wurde ich schnell vom Eindringling zum Mitglied, was der Forderung der Feldforschung entspricht.[93] Desweiteren war mein vorheriger einjähriger Aufenthalt von großem Nutzen, da ich mit der Sprache im weitesten Sinne vertraut war. Die Uhren laufen anders, die Formen und Farben der Kommunikation sind andere. Der Prozess der Annäherung und der Orientierung war praktisch mit der ASA-Projektplanung und meinem vorherigen Aufenthalt schnell durchzuführen. Somit konnte ich die relativ kurze Verweildauer für die Datenerhebung rechtfertigen. Aber hier ist natürlich der Hauptkritikpunkt: um ein derart komplexes Thema in einer anderen Sprache zu behandeln, müßte man mehr Zeit dafür verwenden, um den Ansprüchen einer qualitativen Analyse vollkommen gerecht zu werden.

4.1.2 Die Materialsammlung

Das Media Resource Center war also die Basisstation, wenn man so will. Gleichzeitig aber stellte es für mich ein "Feld" dar. Mindestens so interessant wie die konkreten Informationen waren die indirekten Informationen, die ich durch die Art, die Dinge zu beschreiben, zu analysieren von Nabhan und seinen Mitarbeitern Hussein, Khalid und Tarima bekam. Sie und in ganz besonderem Maße die dort

---

[93] Vgl. Mayring, P. 1996³: Einführung in die qualitative Sozialforschung. Eine Anleitung zu qualitativem Denken, Weinheim, S.41

anzutreffenden Journalisten waren einerseits mich belehrende Freunde, andererseits von mir zu untersuchende Objekte. Hier konnte ich zum einen meine Teilergebnisse validieren. Anderseits musste ich meine Ideen verbergen und Fragen indirekt formulieren, um die Anwort oder Reaktion nicht zu manipulieren. Dabei ging ich von Fall zu Fall unterschiedlich vor, je nachdem wer mir gegenüber stand, wer mit anwesend war und in welchem Kontext die Diskussion verlief. Zu Beginn ging es mir eher um konkrete Informationen, über die Lage (wie funktioniert was, wo?) und die Leute (wer macht was, wie?). Später, nachdem ich auch mein Gegenüber eher einzuordnen verstand, konnte ich zum einen abstrakter diskutieren und auch scheinbar naiv Diskussionen unter den Journalisten evozieren.

Während des ganzen Aufenthaltes habe ich Radiosendungen aufgenommen. Aus diesen Aufnahmen habe ich die Diskursfragmente ausgewählt. Zusätzlich habe ich die tägliche Berichterstattung in der lokalen Presse verfolgt. Außerdem habe ich Material aus der Bibliothek der Universität Birzeit, des Media Resource Centers und dem Archiv des Informationsministeriums sammeln können.

Die Ausgrabungen sind relativ zufällig und sind stark, entsprechend meines sprachlichen Verständigungshorizontes, eingeschränkt. Da ich in der Sprache den Schlüssel zum Verständnis einer anderen Kultur sehe, halte ich es für notwendig, sowohl die Interviews auf Arabisch zu führen, als auch die Diskursfragmente im Originalwortlaut zu untersuchen. Die hier verwendete Umschrift ist die der Deutschen Morgenländischen Gesellschaft.[94] Alle Übersetzungen der Diskursfragmente und Interviews, wie auch der Zitate aus der arabisch-sprachigen Literatur sind von mir zu verantworten.

Ich bin in der schwierigen Situation, Diskursfragmente zu analysieren, ohne dass ich ein Teil der Gesellschaft bin und damit keinen Teil habe an dem Wissensvorrat und den Erfahrungen, an dem System der Kollektivsymbole, kurz: am Interdiskurs. Mir ist das "fluktuierende Gewimmel" also nur äußerst begrenzt verständlich. Aus diesem Grund bin ich auf die Hilfe von Palästinensern angewiesen, die mich auf bestimmte Zusammenhänge aufmerksam machen. Das ist weiterhin der Grund, warum viele Informationen nicht aus den Fragmenten selber, sondern der Feldforschung und den Interviews gewachsen sind.

Die enge Verbindung des Diskurses an die Praktiken verlangt neben den Radioaufnahmen eine Analyse des nicht-sprachlichen Kontextes. Dazu ist zum einen die allgemeine Funktion der Medien zu rechnen. Aber auch die Ereignisse des Realraumes müssen in Betracht gezogen werden. Ich habe als ein diskursives Ereignis des Landdiskurses den "Tag der Wut" gewählt, an dem Palästinenser auf die Straße gingen um gegen den Siedlungsbau zu demonstrieren. Der Siedlungsbau, eine Form der Konfliktführung, manifestiert eine Tatsache, mit denen der palästinensische Diskurs stetig konfrontiert ist.

4.2 Ein Blick auf das Land – die Schlacht der Dinge

4.2.1 Der stille Krieg: der Siedlungsbau

Das Gesicht des Landes trägt durch die Formationsregeln des Diagramms die Züge des dominierenden Diskurses.[95] Es (re)präsentiert die Exteriorisation von seiner sozialen Wirklichkeitskonstruktion.[96] Ich möchte einen Blick auf die Landschaft werfen, um das "Diagramm" zu skizzieren, dass "Aussagen" und "Bilder" formatiert, denen sich auch der palästinensische Diskurs nicht entziehen kann. Das Diagramm spannt

---

[94] Namen sind nicht in der Umschrift wiedergegeben.

[95] Im Grunde gibt es nur einen Diskurs. Alles andere was gesagt wird, wenn es keine Aussage des Diskurses ist, wird eben nicht gesagt. Trotzdem läßt sich bei einer Veränderung des betrachteten Maßstabes wiederum eine Streuung von Aussagen feststellen, die gleichwohl eine diskursive Formation konstituieren, deren Machtwirkung sich natürlich entsprechend verändert.

[96] Vgl. Jäger (1993:101)

einen Rahmen auf, innerhalb dessen die Aussagen des palästinensischen Diskurses fallen, auch wenn der palästinensische Diskurs sich genau dadurch auszeichnet, dass er sich diesem "Diagramm" zu widersetzen sucht.

Mit dem Vertrag in Oslo, einer Aussageform, wurde eine Landkarte gezeichnet, die durch die klare Abgrenzung der Regionen Westbank und Gaza von Israel deutlich im Realraum als eine Inhaltsform zu spüren ist, da den dort lebenden Palästinensern der Zutritt nach Israel verwehrt ist. [97] Die vertragliche Regelung hat dazu geführt, dass der Konflikt um Land nur noch auf der Westbank, dem Gaza Streifen und in dem aus dem Vertrag ausgeschlossenem Jerusalem ausgetragen wird. Erster beiden Regionen sind weiter in A-, B- und C-Zonen unterteilt, von denen die C-Zone mit 70% den größten Teil des Gebietes ausmacht. Nur 3% der Westbank und 40% des Gaza Streifens sind nach Oslo unter palästinensischer Verwaltung.

Die Bilder des Konfliktes um Land zeigen sich in Gaza und der Westbank und Jerusalem, die Orte in denen ein "realräumlicher" Akt der Inbesitznahme stattfindet, da sie völkerrechtlich noch nicht zu Israel gehören. Die "Frontlinie" lässt sich an den Stacheldrahtzäunen der Siedlungen und der Siedlungsstraßen festmachen.

Nach der Unterzeichnung des Wye Memorandums wurde der Siedlungsbau massiv beschleunigt.[98] Die vorhandenen Siedlungen expandieren, neue werden errichtet, das Netzwerk der Bypass-Straße verdichtet sich und weitet sich aus und die Anzahl der

---

[97] Westbank, Gaza und Israel sind auch die Bezeichnungen, die ich im folgenden als Ortsbezeichnung verwenden werde. Wohlwissend, daß in dem Osloer Vertrag zwar von Palästinensern, nicht aber von Palästina die Rede ist, und bewußt kein Stück Land mit Palästina ausgezeichnet wird, verwende ich Palästina zusätzlich als eine unklare territoriale Einheit.

[98] Direkt nach der Unterzeichnung hat NETANYAHU Schritte zur weiteren Bebauung Jabal Abu Ghenaim (Har Homa) unternommen. Am 1. November 1998 fingen Bulldozer auf dem Ras al-'Amud zu arbeiten an und am 2.November 1998 wurde die Siedlung in Hebron Kiriat Arba um 200 ‚housing units" erweitert. Diese Liste läßt sich Tag für Tag fortführen. Während der Wahlkampagne beschleunigt sich die Geschwindigkeit des Siedlungsbaus.

Industrieunternehmen, die mit den Siedlungen in Verbindung steh, nimmt ständig zu.[99] Die Kontinuität, mit der der Siedlungsbau in Palästina fortschreitet, lässt ihn als eine langfristige, wenig spektakuläre Entwicklung schwer als Nachricht verkaufen, weshalb er sich relativ unbemerkt ereignet.[100] Die Siedlungen sind die stummen Schauplätze des Krieges. Die Instrumente der Inbesitznahme des Landes, der Konfliktführung sind vielfältig. Sie reichen von den Inhaltsformen: Hauszerstörungen, Landenteignungen, Siedlungs- und Straßenbau, zu Aussageformen gewaltsamer demographischer Veränderung mittels entsprechender diskriminierender Gesetze und Verordnungen. Die Inhaltsformen sind in bestimmte Aussageformen eingebettet, so dass sie wieder neue Inhaltsformen konstituieren. So z.B. das generelle Verbot für Araber Häuser in Jerusalem zu bauen, führt zu neuen Hauszerstörungen. Oder die festgelegten Kollektivstrafen der Absperrung, die zu weiteren Festnahmen auf Grund eines "illegalen Aufenthaltes" führt, was mit Hausdemolition bestraft werden kann.[101]

Dass sich die israelischen Siedlungen in der Westbank vergrößern und vermehren, manifestiert eine unbestreitbare Tatsache. Die Bedeutung dieser Tatsache dagegen ist nicht in der Sache selber gelegen, sondern abhängig von der sozialen Wirklichkeitskonstruktion des Betrachters, seiner Situation im Diskurs.

Mir geht es hier nicht um die Bedeutung des Siedlungsbaus, sondern um das sich in ihm manifestierende Diagramm, seine Funktion. Eine Funktion ist natürlich der Landgewinn, was besonders an den Siedlungsballungen entlang der Grünen Grenze deutlich wird. Aber auch

---

[99] Vgl. hierzu die „Reports on Israeli Settlements in the Occupied Territories" des Foundation for Middle East Peace FMEP [http://www.fmep.org] und die „Monthly Reports on the Israeli Colonisation Activities in the Westbank" des Applied Research Institute of Jerusalem (ARIJ) [http://www.arij.org]

[100] Die Schwierigkeit, selbst wenn man wollte, den Siedlungsbau als eine Nachricht zu verkaufen, wurde in der Konferenz "Media and Conflict" am 24.06.1999 in Jerusalem deutlich von Gisela DACHS *(DIE ZEIT)* zum Ausdruck gebracht.

[101] Vgl. Shehade, R. 1997: Land and Occupation: A Legal Review, in: *Palestine- Israel Journal, vol 4.,no.2, S.26f*

die Verortungen der Siedlungen innerhalb des Gebietes manifestieren die Besitzansprüche auf das gesamte Land.

Doch das ist nicht die einzige Funktion. Betrachtet man noch einmal die Landkarte[102], so sieht man, dass die Siedlungen mit ihren Verbindungsstraßen ein Netz aufspannen, welches die Westbank klar strukturiert. Es teilt die Westbank in einen Nord- und einen Südteil, in dessen Mitte Jerusalem und sein undurchdringlicher Siedlungsring liegt. Beide Hälften sind jeweils wieder in kleiner Abschnitte untergleider, so dass die gesamte Fläche fragmentiert wird. Alle Siedlungen und Bypassstraßen werden zur C-Zone gerechnet, die unter vollkommener israelischer Kontrolle ist. Das Leben der Palästinenser wird dadurch auf eine äußerst kleine, unzusammenhängende Fläche beschränkt.

> "it is demonstrably true that many oppressive practices of authority seek to control and regulate people's use of space, ultimately confining people to highly circumscribed spaces."[103]

Zieht man in Betracht, dass das Siedlungsnetz nicht für Palästinenser zugänglich ist, so zeigt sie sich durch ihre Materialität als Artefakte mit einem Innen und einem Außen, die eine unumstößliche Grenze konstituieren.[104] Sie stehen als manifestierte Besitzansprüche auf dem Land und trennen, säuberlich mit einem Stacheldraht umzäunt, die palästinensischen Dörfer, nehmen eine Ordnungsfunktion, eine Disziplinarfunktion ein.

> "Spaces of domination are always spaces of purification and exclusion, the powerful constantly vigilant of the borders, which they institute for themselves, between themselves and those they oppress."[105]

---

[102] Vgl. Anhang IV, Karte II

[103] Steve Pile in: Pile/Keith (1997:27)

[104] Philo, C. 1992: Foucault's Geography, *Environment and Planning D: Society and Space, Vol. 10, S.137-161*

[105] David Slater in: Pile/Keith (1997:16)

Es geht um die Kreation einer Ordnung, der Schaffung einer Abgrenzung von dem eigenen zu dem was nicht ist, oder nicht sein soll, in dem "Land ohne Volk". Und wenn das Nicht-Existente doch erscheint, so muss es als prinzipiell störend aus dem Blickfeld verbannt, oder wenigstens bewacht und seine Bewegungen kontrolliert werden[106], so dass ständig klar ist, dass es eigentlich nicht sein soll.

4.2.2 Wörter bezogen auf die Schlacht der Dinge

In dem Wye River Memorandum vom 23. Oktober 1998 und den Diskussionen danach zeigt sich, wie die tatsächliche stetige Zunahme des israelischen Besitzes um Land, als ein Zugeständnis gegenüber den Palästinensern verkauft wird.

Der Vertragstext[107] ist in der Weise gehalten, dass das Zugeständnis von Land an die Palästinenser nicht etwa folgend auf die Osloer Verträge vergrößert, sondern weiter unbestimmt gehalten wird. So spricht er von "further redeployments" und ignoriert dabei vollkommen, dass in Oslo II bereits eine zweite und dritte Phase des Abzuges fest geschrieben wurden, der spätestens bis zum Oktober 1997 vollzogen hätte werden sollen.[108] Im Wye Memorandum wird über keinen dritten Abzug gesprochen. Es werden lediglich weitere Verhandlungen zugebilligt. Die Formulierung in Prozentzahlen ermöglicht eine divergierende Annahme der Bezugsgrößen, wodurch sich leicht die absoluten Zahlen manipulieren lassen. Dieses, sowie die Komplexität der Bezeichnung erklärt die Divergenzen in den vorzufindenden Statistiken. Auffallend ist, dass keine Karte, welche die Rückzugsgebiete auszeichnet, ins Wye River Memorandum aufgenommen wurde. Dies ist das erste der vielen Abkommen ohne autorisierte Karte. Es ist offensichtlich, dass weitere

---

106 Vgl. Watzal, L. 1994: Frieden ohne Gerechtigkeit? Israel und die Menschenrechte der Palästinenser, Köln, S. 81ff

107 Vgl. den Wortlaut des Wye River Memorandum auf http://www.jmcc.org/research/series/wye.htm

108 Vgl. FMEP Nov.1998, Vol.8, No. 6

Abzüge bewusst im Unklaren gehalten sind, die außerdem an "Sicherheitskonditionen" gekoppelt sind, so dass ein Freiraum zur eigenen Einschätzung der Angemessenheit der Dimension und des Zeitplans geschaffen wurde. Der Plan von Oslo wurde weiter ausgehöhlt, oder in **NETANYAHU**'s Worten:

> "We plugged many of the holes in the Swiss Cheese of Oslo"[109]

Vergleicht man die Situation von Oslo mit der gegenwärtigen, dann wird offensichtlich, wie die realen israelischen Verhaltensweisen dem festgeschriebenen Prinzip: "land for peace" entgegenlaufen und eigentlich dieses Prinzip für ungültig erklärt haben.

"Land was and still is the core of the Arab–Israel conflict."[110] Daran hat sich auch nach der Unterzeichnung der Osloer Verträge, die mit dem Schlagwort "Land gegen Frieden" in die Geschichte Eingang fanden, nichts geändert. Auch wenn eine Veränderung des status quo mit diesen Verträgen untersagt wurde, so findet diese Regelung doch keine Anwendung im Realraum, in dem sich die Landbesitzverhältnisse stetig verändern. Es gilt nach wie vor:

> "Land is a central feature of national symbolism. Land /territory must not be given under any circumstances to the 'other' side."[111]

Dies wird natürlich nicht in jedem Diskurs so deutlich ausgesprochen. Meist spricht man, bezogen auf die Siedlungen, nur von einer ganz normalen "Politik der natürlichen Entwicklungen der Siedlungen"[112] oder verneint ihre Zunahme völlig. Ein Sprecher des Außenministers Ariel **SHARON** sagte im April 1999 in einem Treffen mit Madeleine **ALBRIGHT**:

---

[109] NETANYAHU, B. zit nach Aruri (1999:18)

[110] zit nach Abu- Zayyad, Z. in ders. 1997: Land: The Core of the Conflict, in *Palestine- Israel Journal, Vol.4, No.2, S.13*

[111] Newman, D. 1997: Israeli Security: Reality and Myth, in *Palestine- Israel Journal , Vol.4, No.2, S.22*

[112] Chaim RAMON zit. nach Langer, F. 2000: Palästina. Frieden mit Gerechtigkeit? In: *Wissenschaft und Frieden 4/99-1/00, S.48*

> "Israel has not built any new settlements, and the growth of settlements is not an obstacle to peace, but rather the opposite — it contributes to peace."[113]

Aber die realen Machtverhältnisse verlangen kein allzugroßes Versteckspiel. Der innerisraelische Diskurs ermöglicht eine eindeutige Ausdrucksweise, die durch den Terrorismusdiskurs bereitgestellt werden.

> "The Palestinian declarations are, to my regret, accompanied by daily violations of the Wye Accords and the Oslo Accords. They are accompanied by demonstrations, the hoarding of illegal weapons, incitement to violence, and violence. ... Who will guarantee security? Who will safeguard Jerusalem? Who will guarantee the chance of making real peace and not false peace? The answer is unequivocal: The answer is us and only us. ... I wish to say, that we did exactly what we promised. We reduced the withdrawals, we fought terrorism, we bolstered security, we stopped the use of the Orient House as the Palestinian Foreign Ministry in the heart of Jerusalem. We permitted construction in Har Homa. We have issued tenders, we stopped the strangulation of the settlements , and we stopped the race to the 1967 lines. We are building in Jerusalem, and we are proud of it. We are building in the settlements, and we are proud of it. We are fighting terrorism with all our might everywhere and all the time."[114]

Der diese Rede ermöglichende Diskurs stellt ein Vokabular bereit, durch das der Konflikt in den Kategorien von "Terrorismusbekämpfung" und "Sicherheitserhaltung" seine Bedeutung erfährt. In diesem Lichte sind die Vorgehensweisen gegenüber den "Kriminellen", die Kontrolle über ihren Lebensraum, die Einschränkung der Orte, in denen sie leben oder sich aufhalten dürfen als auch die Streichung der für Menschen gültigen Rechte gerechtfertigt. Dabei liegt die These, die "ein Land ohne Volk für ein Volk ohne Land" der Aneignung des Landes zugrunde, in der die Besiedlung nicht als offener Konflikt betrachtet wird. Die Kontrolle über

---

[113] FMEP 1999, Vol.9, No. 4

[114] Prime Minister Benjamin NETANYAHU, Address to the Lecud Central Commitee, Tel Aviv, 27. December 1998 (excerpts) in: *Journal of Palestine Studies Vol.28, No.2,* S.155

alle Orte, in denen sich Palästinenser aufhalten, wird von dem Diskurs der Sicherheit verlangt, wobei das eigentliche Interesse an den Orten und nicht an der tatsächlich als Gefahr empfundenen Palästinensern ist.[115] Der Diskurs über die Siedlungen produziert eine Wahrheit, "wenn er sie auch im letzten Moment verhüllt." In seinem Schatten ist ein Gesicht der Wahrheit erkennbar, in dem ich einen Raum vermute, das sich in Aussagen des palästinensischen Dialekts kleidet, die

> "... are seeking to create new meanings out of imposed meanings, to re-work and to divert space to other ends."[116]

4.3 Schlaglichter der palästinensischen Mediengeschichte und ein Blick auf die gegenwärtige Medienlandschaft

4.3.1 Überblick über die Geschichte der palästinensischen Medien

Für das Verständnis der gegenwärtigen Funktion der palästinensischen Medien ist ein Abriss der palästinensischen Mediengeschichte hilfreich. Der Term palästinensische Medien ist konstruiert und bezeichnet einen Teil der arabischen Medien, die entweder in einer bestimmten geographischen Region mit dem Namen Palästina kursieren und/oder solche, die von und für Palästinenser/n produziert werden. Letzteres setzt allerdings die Existenz einer palästinensischen Identität voraus. Während die kritische Frage nach dem Namen der Region bis wann lautet, ist das ab wann die interessante Frage, die den Zeitpunkt des Beginns der palästinensischen Identität zu bestimmen sucht. In diesem Fall scheinen sich diese beiden Punkte seltsam zu überlappen und der Untergang Palästinas mit dem Aufgang der explizit palästinensischen Identität zusammenzufallen. Die rege, seit 1896 in den Städten

---

[115] "The Palestinians are the source of the legitimacy of the continuation of the conflict, but they are the weakest of all our adversaries. As military threat they are ludicrous. The pose no military threat of any kind to Israel." Ehud BARAK, zit. nach: Usher, G. 1999: Barak's bridge to nowhere, in: *News from Within, Juli 1999, S.32-34*

[116] David SLATER in: Pile/Keith (1997:16)

Palästinas existierende arabische Presse[117] hörte mit dem Auftauchen einer neuen Entität auf der Landkarte zu florieren auf.[118] Die Weltkarte hatte sich zu einer Territorialkarte der Nationen gewandelt, wodurch sie ab Mai 1948 zwar "Israel", "Jordanien" und "Ägypten", aber nicht mehr "Palästina" zu kennen scheint. Nicht zufällig fand parallel zur Verfestigung der Idee der Existenz von Nationen[119] die Entwicklung der Medien zu Massenmedien statt, dessen Zentrum für die arabische Welt Kairo darstellt. Das Radio fand schon als ein noch recht junges Medium eine große Beliebtheit in der arabischen Welt, was Douglas BOYD mit der starken oralen Kultur der arabischen Welt erklärt.[120] Es wurde von den arabischen Größen wie Gamal Abdel NASSER als ein Medium verstanden, das für die breite Massen und nicht nur für die alphabetisierte Elite zugänglich war.[121] Yusif QAZZAS beginnt die Geschichte des palästinensischen Radios mit dem Jahr 1936, in dem in Jerusalem ein Radiosender eröffnet wurde. Das Programm war entsprechend der strikten britischen Mandatszensur nicht politisch, sondern literarisch ausgerichtet, wobei allerdings "das politische Thema hinter dem literarischen versteckt war."[122] Ibrahim TUQAN, ein bekannter Dichter, war der Programmdirektor. Das Radio wechselte 1947 nach Ramallah, wo es den im Jahr 1936 von den Briten errichteten Sendemasten verwendete. Bereits ein Jahr später durch den Krieg von 1948 fiel diese Station unter jordanische Herrschaft und mit der Besetzung der Westbank und des Gazastreifens 1967 unter israelische, womit das Ende des palästinensischen Radios in Palästina besiegelt wurde.

---

117 Die Studie von Yassin (Yassin, A. 1991: The Press and political life in Palestine 1907-1948, *Aswar. Palestinian Culture Quarterly, Autumn, S.90*) zählt zwischen 1922 und 1935 125 Zeitungen.

118 Vgl. Musa, I. 1998: The Palestinian Media System, Columbia, S.42

119 Vgl. Anderson, B. 1993: Die Erfindung der Nation. Zur Karriere eines folgenreichen Konzepts, Frankfurt a.M.

120 Vgl. Boyd, D. 1993²: Broadcasting in the Arab World. A Survey of the Electronic Media in the Middle East, Lexington, S.4f

121 Boyd (1993:4)

122 Aus dem Interview mit Yusif QAZZAZ (Programmdirektor bei *Ṣawt Filasṭīn*) am 02.06.1999

Der Sechs-Tage-Krieg und die darauffolgende Besetzung der Westbank und des Gaza Streifens, was im arabischen mit der *nakba* ("Katastrophe") bezeichnet wird, hat tiefgreifende Folgen für die palästinensische Gesellschaft und ihre Medien. Erstens wurden alle Medien geschlossen und ein arabischer Sender "Saut Israel", die Stimme Israels, eingerichtet. Von nun an galt das israelische Militärrecht, was weitreichende Folgen für das gesamte palästinensische Leben hatte. Die erste Zeitung, die eine Lizenz zur Publikation erhielt, war 1968 *Al-Quds*[123]. Zwei andere Zeitungen: *Al- Faǧr* und *Aš- Šaʿb* bekamen danach auch noch eine Lizenz. Die strikte Zensur, Schließungen der Redaktionen und Verhaftungen von Journalisten gehörten von nun an zum Alltag des palästinensischen Journalismus.

> "A network of laws and regulations – requiring publishing and distribution permits and giving the military sweeping powers of prepublication censorship, confiscation of publications, and the suspension or revocation of distribution and publishing permits – have permitted the Israeli authorities to systematically control the Palestinian Press at every level of production. In addition, Palestinian journalists are routinely subject to administrative measures including administrative detention, movement restrictions, and deportation, as well as daily harassment involving short-term arrest and violent attacks on person and property.[124]

Die Zensur erschwert nicht nur oder verhindert die Verbreitung von Informationen, sondern sie prägt auch entscheidend die Form, in die der Journalist sie zu verpacken sucht. Dieser Aspekt ist für den hiesigen Zusammenhang wichtig, weil diese Form einer spezifischen Verfremdung auch gegenwärtig den journalistischen Stil prägt. Es ist ein Balanceakt, in dem versucht wird, eine Information in der Weise zu vermitteln, dass sie weder zensiert wird, noch die Beteiligten in Gefahr bringt, jedoch trotzdem noch einen Informationswert besitzt. Um die

---

[123] Vgl. Musa (1998:65)

[124] Vgl. JMCC 1989: Reporting Harassment. Israeli Restrictions of Press Freedom in the Westbank and the Gaza Strip, Jerusalem.

Möglichkeit zu reduzieren, 4andere in Gefahr zu bringen, verzichtete man auf eine detaillierte Ausführung der Ereignisse. Zeitangaben wurden auf "gegenwärtig" reduziert und anstatt der genauen Ortsangabe verwendete man die Bezeichnung "in der Gegend".[125]

Nicht nur das "Katz-und-Maus-Spiel"[126] mit der Zensur, sondern auch die interne hierarchische Struktur der Redaktionen, die sich an politische Anweisungen hielten, sowie die Unprofessionalität der meisten Journalisten prägten die palästinensische Presse. Das führte besonders in der Intifada dazu, dass die Bevölkerung ihre Informationenen nicht von ihr beziehen konnten, sondern auf anders geartete Medien wie Flugblätter, Mauern und Häuserwände und "die Straße" angewiesen war.[127]

Der palästinensische Diskurs, ein Widerstandsdiskurs, hatte nicht die Möglichkeit, sich ungehindert zu formieren und musste eigene Formen zur Verbreitung und Konsolidierung entwickeln. Diese Formen zeigen sich in zweierlei Hinsicht: zum einen in der Wahl der Medien, die verwandt wurden, z.B. Flugblätter, Wandgraffiti und Tonkassette und zum anderen in einer spezifischen Sprachverwendung. Informationen sollten mit Hilfe dieser Medien vermittelt werden, ohne von jemandem, für den die Informationen nicht bestimmt waren, verstanden zu werden. "Plakativ" und "schlagwortartig" waren die Gebote der Stunde. Eine metaphorische, dichterische Sprache ermöglichte eine Codierung, welche nur für Palästinenser ohne weiteres decodierbar war. So konnten in Gedichten, Slogans und Liedern, die über Kassetten und heimlich empfangenes Radio, das sich in der Zeit der Intifada zu dem wichtigsten

[125] Vgl. Musa (1998:49)

[126] wie 'Ali KHALILI die Situation ironisiert. In: Khalili, A.: 1990: Die palästinensische Presse und die Intifada *(aṣ-ṣaḥāfa al-filasṭīniyya wa-l-intifāḍa),* o. O., S.9

[127] Vgl. Kuttab, D. 1993: Palestine Diaries, in: Dowmunt, T.: Channels of Resistance, London, S.140

Medium entwickelte, zugänglich waren, Strategien und Pläne weiter vermittelt werden. [128]

Als ein direktes Resultat der Intifada und dem Golfkrieg begannen 1991 in Madrid erste Verhandlungen zwischen Israel und der PLO. Zwei Jahre später am 23. September 1993 wurde die "Declaration of Principles on Interim Self-Government Arrangements" unterzeichnet, was unter dem Namen Osloer Verträge in die Geschichte einging. Dies stellte kein vollständiges Abkommen dar, ermöglichte den Palästinensern aber eine Teilautonomie und versicherte zukünftige Verhandlungen über einen permanenten Status. Mit diesem Abkommen wurden die Verantwortlichkeit über die Medien zum großen Teil der Palästinensischen Autonomiebehörde (PA) übertragen.

4.3.2 Ein neuer gesetzlicher Rahmen

> Jeder Mensch hat das Recht auf freie Meinungsäußerung; dieses Recht umfaßt die Freiheit, Meinungen unangefochten anzuhängen und Informationen und Ideen mit allen Verständigungsmitteln ohne Rücksicht auf Grenzen zu suchen, zu empfangen und zu verbreiten. **Artikel 19**
> **Allgemeine Erklärung der Menschenrechte**

Mit der Unterzeichnung der Prinzipienerklärung vom 13. September 1993 wurde ein Prozess in Gang gesetzt, der zum ersten Mal Palästinenser an der Gesetzesgebung beteiligt.[129] Am 4. Mai 1994 wurde das Abkommen über die palästinensische Interim-Selbstverwaltung in Jericho unterzeichnet. Dieser ermöglicht den Palästinensern in Artikel 7 in den Grenzen ihrer Gebiete Gesetze unter der Voraussetzung, dass

---

[128] Vgl. Bookmiller, K./ Bookmiller, R. 1990: Palestinian Radio and the Intifada, in: *Journal of Palestinian Studies, Vol.19, No.4, S.96- 105*

[129] Die Gesetze, die in der Westbank und im Gaza Streifen auch noch jetzt Gültigkeit beanspruchen, sind aus der britischen Mandatszeit, der Zeit der jordanischen bzw. ägyptischen Regierung und aus der israelischen Besatzung seit 1967 und dessen Militärverordnungen hervorgegangen und stellen in ihrer Beschaffenheit als Kriegsrecht ein schwieriges Erbe dar.

eine israelisch-palästinensische Kommission diesen nicht widerspricht, zu erlassen.[130] Auf dessen Grundlage und der Grundlage der bereits existierenden "geerbten" Verordnungen konnte von der palästinensischen Autonomiebehörde am 25. Juni 1995 ein "Gesetz zur Presse und Veröffentlichung *(qānūn al-maṭbū'āt wa-n-našr)*" herauskommen.[131] In Artikel 2 heißt es:

> "Newspapers and printing are free and freedom of expression is guaranteed to every Palestinian, and everyone may express his or her opinion freely in the communication media either orally, in writing, or by picture or drawing"[132]

Artikel 3 besagt, dass

> "The journalistic media may freely exercise its rights to provide news, information, commentary, intellectual, cultural, and educational materials within the bounds of the law and in the framework of protecting public rights, freedom, and duties, and respecting the privacy of others."[133]

Prinzipiell werden de jure die im Artikel 19 der Allgemeinen Erklärung der Menschenrechte dargelegten Forderungen erfüllt. Diese sind entscheidend für die Tauglichkeit der medialen diskursiven Formation als einen Indikator des Interdiskurses. Auch wenn das Gesetz an einigen Punkten kritisiert wird,[134] so bietet es doch eine Grundlage, die einer demokratischen Gesellschaftsordnung entspricht, in der der mediale Diskurs zwar verzerrt, nicht jedoch uniform eingefärbt ist und

---

[130] Vgl. Palästinensisches Zentrum für Menschenrechte (Hg.) *1997*: Kritische Bemerkungen zu dem Druck- und Veröffentlichungsrecht von 1995 (*mulāḥaẓāt naqdin 'alā qānūn al-maṭbū'āt wa-n-našr 1995*), in: *Ṣaḥāfī, April, Nr.1, S. 28*

[131] Vgl. Palästinensisches Zentrum für Menschenrechte (Hg.) *1997*: Kritische Bemerkungen zu dem Druck- und Veröffentlichungsrecht von 1995 *(mulāḥaẓāt naqdin 'alā qānūn al-maṭbū'āt wa-n-našr 1995),* in: *Ṣaḥāfī, April, Nr.1, S. 28*

[132] zit. nach der inoffiziellen Übersetzung der "Palestinian Independent Commission for Citizens' Rights (PICCR) in PICCR 1999: Fourth Annual Report. 1 January 1998 to 31 December 1998, S.129

[133] zit. nach PICCR (1999:129)

[134] Vgl. Al-Dawîk, 'U. (Hg.) 1999: Das Presse- und Publikationsrecht. Studien und kritische Bemerkungen, (*qānūn al-maṭbū'āt wa-n-našr. Dirāsāt wa mulāḥaẓāt naqdiyya*), Ramallah. Vgl. auch Farha, S. 1999: Dr. Khatib: Das Gesetz verlangt von den Journalisten ihre Quellen preiszugeben, (*D. Khatib: Al-qānūn yulzam aṣ-ṣaḥāfiyyn bi-l-kašf 'an maṣāḍir ma'lūmātihim*) in: *As-Sarāğ, Nr.1*

eine Vielzahl von Aussagen des Interdiskurses auf ihr ihren Niederschlag finden.

4.3.3 Die gegenwärtige Medienlandschaft

4.3.3.1 Die Presse und ausländische Medienanstalten

Palästinensische Printmedien und Nachrichtenagenturen

Die palästinensische Medienlandschaft befindet sich unter den neuen Bedingungen gerade erst im Aufbau. Die einzige Zeitung, die die Wirren der Zeit überlebt hatte, ist *Al-Quds*. Ferner gibt es inzwischen noch zwei weitere Tageszeitungen: *Al-'Ayyām* ("Die Tage) und *Ḥaya al-Ǧadīda* ("Neues Leben"). Letztere ist mit dem Einzug der PNA im Jahre 1994 von Nabil **Amro** eröffnet worden und stellt das offizielle PLO Blatt dar. Dementsprechend ist sie politisch orientiert, liefert aber einen recht ausführlichen Part über Lokalnachrichten, dessen Artikel qualitativ von Journalist zu Journalist stark variieren.[135] Die beiden anderen Zeitungen sind kommerzielle Blätter, die jedoch auch nicht PLO fern sind. *Al-'Ayyām* wurde Ende 1995 von Akram **Haniya**, der eine enge Beziehung zu Arafat vorweist[136], eröffnet. *Al-Quds*, die von Mahmud Abu **Zuluf**[137] 1968 ins Leben gerufen wurde, ist die älteste existierende palästinensische Zeitung. Sie, die berühmt ist für ihren hohen Prozentteil an Anzeigen und Werbung,[138] ist in ihrem Stil richtungsweisend für die anderen Zeitungen gewesen. Auch sie hat ein Vorbild: *Al-'Ahrām* aus Kairo, welche in gewisserweise die Schule des arabischen Journalismus

---

[135] Aus dem Interview mit Daniela **Khalaf** (Journalistin des Middle East Broadcasting Center und Professorin an der Universität Birzeit) am 31.05.1999

[136] Vgl. Musa (1998:82)

[137] Dessen Sohn **Walid** ist einer von **Arafat**'s Beratern.

[138] Bassam **As-Salihi** spricht von einem Prozentsatz von Werbung und persönlichen Anzeichen (Heirats- und Todesannoncen) von 30- 35%. (As-Salihi, B. 1993: Fakten der lokalen Presse, in: Husary, R./ Al-Khalili, A./ Al-Salihi, B. (Hg.): Die palästinensische Presse zwischen Gegenwart und Zukunft *(Aṣ-ṣaḥāfa al-filasṭīnī bayna al-ḥāḍir wa-l-mustaqbal)*, Ramallah, S.65

begründet hat.[139] Natürlich gibt es noch weitere kleinere Blätter und Wochenzeitungen, von denen die wichtigste die einzige (noch!) nicht geschlossene Oppositionszeitung *Ar-Risāla* ("Die Botschaft") darstellt. Sie wird von Ghazi HAMAD ediert und steht der Hamas politisch nahe.[140]

Bis jetzt gibt es eine palästinensische Nachrichtenagentur, die bereits im April 1972 aufgrund einer Entscheidung der PLO in Kairo unter dem Namen W.A.F.A.[141] ("Palästinensische Nachrichtenagentur") gegründet wurde.[142] Da sie eine offizielle Nachrichtenagentur ist, verbreitet sie ihre Meldungen erst, wenn sie von offizieller Seite bestätigt worden sind.[143] Zwar sind ihre Lokalmeldungen vertrauenswürdig, es werden aber nur "eine oder zwei Meldungen – kostenlos – im Laufe eines Tages verbreitet"[144]. Diese finden ihren Niederschlag in der Zeitung *Al-Ḥaya al-Ǧadīda*, stellen insgesamt aber keine bedeutende Nachrichtenquelle dar.

Ausländische Medien und Nachrichtenagenturen

Neben der Einteilung in Print- und audiovisuellen Medien sind die lokalen Medien von den ausländischen zu unterscheiden. Die ausländischen Medien unterliegen ganz anderen Produktionsbedingungen, anderen materiellen Vorraussetzungen, internen Strukturen und äußeren Abhängigkeiten und Verbindungen. Auch wenn sie für die Palästinenser als eine wichtige Informationsquelle dienen, so sind sie doch nicht endemisch, und daher von ganz anderer Qualität. Es sind die ausländischen Nachrichtenagenturen, die die Hauptquellen – auch für die lokale Nachrichtenproduktion – darstellen. Nach Nabil KHATIB, dem Direktor des Medienzentrums der Universität

---

139 Aus dem Interview mit Nabhan KHREISHEH (Leiter des Media Resource Center) am 09.07.1999

140 Vgl. Musa (1998:85)

141 auf Arabisch ausgeschrieben:"*wakāla al-'anbā' al-filasṭīniyya*"

142 Vgl. Abu Shanab (1988:142f)

143 Vgl. Jamil, W. 1999: Die Palästinensische Nachrichtenagentur (*wakāla al-'anbā' al-filasṭīniyya*) in: *As-Sarāǧ*, Nr.1, S.23

144 Hafis Barghūthi, Chefredakteur der Zeitung *Al-Ḥaya al-Ǧadīda* zit. nach: Jamil (1999:23)

Birzeit, werden 40% der lokalen Nachrichten von den ausländischen Nachrichtenagenturen entnommen,

> "because they do a better job than the local correspondents."[145]

Nach einer Erhebung, die im August 1998 vom Jerusalem Media & Communication Centre (JMCC) durchgeführt wurde,[146] liest weniger als ein Drittel der Palästinenser in Gaza und der Westbank täglich Zeitung. Die gelesenen Zeitungen sind aber praktisch allesamt lokal.[147] Die Hauptquelle für Informationen ist nicht die Presse, sondern das Radio und das Fernsehen.[148]

4.3.3.2 Lokale Radio- und Fernsehanstalten

Die "staatliche"[149] Radio- und Fernsehanstalt: The Palestinian Broadcasting Corporation (PBC)

Im Osloer Abkommen wurde den Palästinensern je eine Radio- und eine Fernsehfrequenz zugestanden. Der Chef der PLO Yassir **ARAFAT** beauftragte den politisch loyalen, früheren Chef der "Arab Journalist Association", Ghadwan **ABU AYYASH** durch die dafür ins Leben gerufene Palestinian Broadcasting Corporation (PBC) die offiziellen elektronischen Medien, ein palästinensisches Fernsehen und den Radiosender "*Ṣawt Filasṭīn*" (Stimme Palästinas) in einem Gebiet der palästinensischen Autonomie zu implementieren und dessen Organisation zu leiten.

Am 02. Juli 1994 um sechzehn Uhr wurde zum ersten Mal die "Stimme Palästinas" von Jericho, dem tiefsten Punkt der Erde, ausgestrahlt.

---

[145] Nabil **KHATIB** zit. nach Musa (1998:83)

[146] Vgl. JMCC (Hg.) 1998: Public Opinion Polls No.29 B. On Palestinian Media, East Jerusalem.

[147] 94,2% lesen die drei oben genannten Zeitungen. Von den verbleibenden 5,1%, die "Another" angegeben haben (0,7% machten keine Angaben)ist nicht ersichtlich, auf welche Zeitungen (lokale oder ausländische) sie sich beziehen. JMCC (1998:4)

[148] JMCC (1998:1)

Yassir Arafat eröffnete das Radio mit einer Rede an das palästinensische Volk. Drei Monate lang, in einer Experimentierphase, wurden täglich sechseinhalb Stunden gesendet, was dann nach und nach auf neunzehn Stunden pro Tag, von 5.00 – 24.00 Uhr auf der Mittelwelle 675kHz, verlängert wurde. Erst nach der Unterzeichnung des Zweiten Oslo Abkommens im September 1995, wodurch Ramallah und fünf weitere Städte autonom wurden, konnte *Ṣawt Filasṭīn* im April 1996 seinen eigentlich angestrebten Sendeort in Ramallah beziehen und von dem dortigen, bereits von den Briten errichteten Transmitter seine Programme senden.[150]

Die PBC und das Radio sind in einem Gebäude in Ramallah untergebracht, während das Fernsehen seinen Sitz unter der Leitung von Hisham **MICKEY** in der Stadt Gaza hat. Die geographische Distanz, die, obwohl nur wenige Kilometer auseinander, nicht leicht zu überbrücken ist, hat eine ziemliche Trennung der beiden Bereiche zufolge. Das Fernsehen, welches im Grunde genommen einen lokalen Gaza- Sender darstellt, erfreut sich auch nur dort einer Beliebtheit.[151] Der Radiosender *Ṣawt Filasṭīn* wird dagegen in Gaza kaum gehört. Nach der Umfrage von 1998 ist

> "Voice of Palestine the most trusted source of news, 21%, in [the] Westbank"[152]

Den Landdiskurs dieses Senders möchte ich analysieren. Nach der Selbstdarstellung ist zu erwarten, dass viele Aussagen des palästinensischen Interdiskurses auf der medialen Ebene dieses Senders zu hören sind. Denn seine Hauptziele lauten wie folgt:

> "1. To promote the cultural characteristics of the Palestinian

---

[149] Es ist die offizielle Fernseh- und Hörfunkanstalt der Palästinensischen Autonomiebehörde.

[150] Vgl. PBC, Public Relations Office (Hg.) 1996: The Palestinian Broadcasting Corporation, Ramallah, S. 1

[151] Vgl. JMCC (1998:8)

[152] JMCC (1998:1)

> People and to participate in developing such characteristics in the largest possible scale internationally. 2. To integrate Palestinian creative experience and abilities, gained through the Palestinian people's reality, in a manner which suits the Palestinian people's national and cultural needs. ... 9. To conserve and protect the distinctive national Palestinian character in PBC through cultural and social programs and to prevent any negative effect on various social groups"[153]

Auch in der Satzung findet die Vorstellung der Funktion der Medienanstalt als ein Hüter und Bewahrer der palästinensischen Kultur ihren Niederschlag.[154] Ihrem Anspruch nach ist sie kein Sprachrohr der Palästinensischen Autonomie oder gar der PLO. Sie behauptet vielmehr, die Palästinenser zu vertreten und deren Geschichte, Erbe, ja deren Stimmen[155], die "Stimme Palästinas" in die Welt zu tragen[156]. Mit diesem Anspruch müßte die Analyse seines Landdiskurses auf breiter Ebene dem des Interdiskurses entsprechen.

4.3.3.3 Private Sender

Gleichzeitig mit dem offiziellen Sender, oder genau genommen sogar bevor dessen Eröffnung haben private Radio- und Fernsehsender die politische Situation genutzt, um sich Gehör zu verschaffen. Seit der Eröffnung des ersten Senders im Jahr 1994 ist nach der Zählung des Informationsministeriums, welches für die Vergabe von Lizenzen zuständig ist, die Anzahl der Fernsehsender auf 27 und Radiosender auf acht Sender gestiegen.[157] Palästina ist neben dem Libanon das einzige

---

[153] PBC, Public Relations Office (Hg.) o.J.: Palestinian Broadcasting Corporation PBC, Ramallah.

[154] Vgl. Abu Samiah, M. 1999: Israel benutzt die Frequenz von Palästina (*Isra'īl tastaḫdam al-'amwaǧ al-filasṭīnī*), in: *As-Sarāǧ, Nr.1, S.17*

[155] Was in ihrem Slogan: *Ṣawt Filasṭīn- 'Aswāt kull al-filasṭiyyn-* (Die Stimme Palästinas- die Stimme aller Palästinenser) zum Ausdruck kommt.

[156] Vgl. Abu Ayyash, G. 1995: Palestinian television and identity. From negation of existence to affirmation of identity, in: Guglielmelli, F.: Reinventing Television, o.O., S.153

[157] Vgl. eine Liste der Privaten Radio- und Fernsehsender, mit Besitzerangaben, Adresse und Frequenz vom Informationsministerium. Titel: Die aktiven Fernsehstationen (*Maḥaṭṭāt at-tilifisiūniyya al-'āmila*), ohne weitere Angaben. Nach den Angaben des Direktors des Fernsehsender ‚Al-Sharq', Muhammad Shahîn belaufen sich die Zahlen inklusive der schwarz- sendenden auf 48 Fernseh- und 24 Radiostationen. Das ist meines Erachtens eine etwas zu hoch gegriffene Zahl, die aber die

arabische Land, in dem private Sender zugelassen werden und ihnen eine Bedeutung in der Medienlandschaft zukommt. Ein Grund für die explosionsartige Entwicklung ist sicherlich in der unklaren rechtlichen Situation zu suchen.[158] Das Friedensabkommen enthält keine Bestimmungen zu den privaten Sendern. In ihm findet nur die staatliche Frequenz Erwähnung. Das Informationsministerium vergibt allerdings auf Antrag Lizenzen für die privaten Sender, wodurch diese Sender durch die Palästinensische Autonomiebehörde einen legalen Status innehaben. Der permanente Status dieser Sender muss in den Endstatusverhandlungen geklärt werden.[159]

Von den acht privaten Radiosendern sind drei: Radio *Ḥubb wa Salām* ("Liebe und Frieden"), Radio *Al-Manāra* ("Leuchtturm/ Zentrum) und *'Amwāǧ* ("Wellen") in Ramallah lokalisiert. *Al-Manāra* ist der kleinste dieser Sender, der auch kaum bekannt ist. *'Amwāǧ* ist der jüngste Sender, der aber –inzwischen- recht kommerziell orientiert ist. Das Vorbild von beiden Sendern ist der ziemlich erfolgreiche Sender *Ḥubb wa Salām*[160]. In der oben genannten Umfrage fand *Ḥubb wa Salām*[161] als einziger privater Sender namentlich Erwähnung. Er rangiert an vierter Stelle der am meist gehörten Sender.[162] Bedenkt man, dass dieser Sender als ein lokaler Sender nicht überall zu empfangen ist, so ist das eine enorme Leistung. Diese Angabe deckt sich auch mit meinem allgemeinen Eindruck, wenn ich nach dem beliebtesten Sender fragte.

---

allgemeine Stimmung des Aufbruchs zum Ausdruck bringt.

158 Es gibt niemanden, der sich um das Abführen der GEMA-Gebühren etc. kümmert. Dementsprechend läßt sich ein Programm mit Raubkopien relativ unkompliziert und preisgünstig füllen. Das geringe Kapital der kleinen Sender verbietet jedoch eine aufwendige Produktion und mindert die Qualität der einzelnen Sender.

159 Aus dem Interview mit Muhammad SULAIMAN (Direktor des Palästinensischen Informationsministeriums) am 03.07.1999

160 Diese Meinungen kristallisierten sich in Gesprächen im Media Resource Center heraus.

161 Vgl. JMCC (1998:10)

162 Die Frage lautete: "Name two radio channels you listen to the most and second most". JMCC (1998:10)

5 Die Analyse des Landdiskurses

5.1 Der "staatliche" Sender: Die "Stimme Palästinas" – *Ṣawt Filasṭīn*

5.1.1 Einleitung

Der "staatliche" Radiosender 'Stimme Palästinas' (*Ṣawt Filasṭīn*) ist der einzige Radiosender, der Nachrichten produziert und es sich leisten kann, an verschiedenen Orten Korrespondenten zu unterhalten. Daher ist dies der einzige Sender, bei dem sich der Weg vom Ereignis zur Nachricht, vom "Bild" des Realraumes zur Aussage im medialen Diskurs verfolgen lässt. Aus diesem Grund habe ich, in der Hoffnung, dass ein "Landdiskursereignis" eintritt, den Korrespondenten für Ramallah, Rashid HILÂL, eine Woche lang bei seiner alltäglichen Arbeit begleitet. Die Nachrichtenproduktion und die Programmgestaltung sind die beiden Abteilungen des Senders in dem die Sendungen konzipiert, formuliert und formatiert werden. Um ein klareres Bild von den Prinzipien der "Aussagenproduktion" des Senders zu bekommen, habe ich außerdem einen Journalisten (HAMID QADUS), der die Programme "Unser Land gehört uns" (*'arḍunā lanā*) und "die Blume des Platzes"[163] (*zahra al-maydan*) konzipiert, bei der Produktion zweier Sendungen hospitiert. Die Arbeitsweise des "staatlichen" Senders *Ṣawt Filasṭīn* wird als einen Zweig der PBC von dessen

[163] Der Titel eines bekannten Liedes von FAIROUZ, mit dem Jerusalem bezeichnet wird.

Selbstverständnis bestimmt. Das Public Relations Office des PBC hat einige Faltblätter und Broschüren produziert und veröffentlicht regelmäßig eine Zeitschrift: *Ṣawt wa Ṣūra* (Stimme/Klang und Bild), aus denen sich einiges über die Geschichte und das Selbstverständnis lesen lässt. Außerdem hatte ich das Glück mit Robert **Krieg**, einem deutschen Journalisten, der aktiv am Aufbau der Kooperation beteiligt war, zu sprechen.[164]

Durch diese teilnehmende Beobachtung der beiden Journalisten und ihr Arbeitsumfeld, die Interviews mit dem Vorsitzenden Ghadwan **Abu Ayyash**, dem Programmdirektor (Yusif **Qazzas**) und dem Journalist Hamid **Qadus**, den Interviews mit Journalisten, die nicht oder nicht mehr in dieser Organisation tätig sind (Interview mit Khaled **Ghouli**, Amira **Hass**, Daniela **Khalaf**, Nabhan **Kreisheh** und Daoud **Kuttab**) und durch die Diskussion über diese Organisation im Media Resource Center konnte sich ein Bild über diese relative junge Organisation zusammensetzen, mit dem ich den medialen Diskurs analysieren konnte. Es ist ein Bild, dass einen starken Wandel der Organisation von ihrem ersten gesendeten Ton bis zu ihrem heutigen Zustand offenbart.

Entsprechend der Diskursanalyse der Duisburger Schule werde ich im folgenden die Analyse eines Diskursfragmentes darstellen. Nach der Begründung der Auswahl dieses Fragmentes werde ich zuerst den nicht-sprachlichen Kontext darlegen. Dazu gehört neben dem Aufbau und der Organisation des Senders auch eine kurze Beschreibung des Ereignisses.[165] Anschließend werde ich den sprachlichen Kontext der

---

[164] Robert **Krieg** hat mit Dagmar **Wünneberg** das Ausbildungsprojekt der Buntstift e.V. Stiftung durchgeführt, von dessen Teilnehmern der größte Teil des ersten PBC Teams rekrutiert wurde. (Aus dem Interview mit Robert **Krieg** am 04. 05.1999 in Köln.) Außerdem stellte er mir sein bereits am 20. Juni 1994, zwei Wochen vor der ersten Sendung durchgeführtes Interview mit Ghadwan **Abu Ayyash** zur Verfügung. Vgl. auch Krieg, R./ Wünneberg, D. 1995a: Dokumentation: Ausbildung von palästinensischen Fernsehteams in Jerusalem, Göttingen.

[165] Anhand von Informationen aus Augenzeugenberichten, internationalen Presseberichten, Informationen von der Foundation for Middle East Peace (FMEP), der Organisation LAW und Dokumentationen des Applied Research Institute Jerusalem (ARIJ).

Sendungen erläutern und nach der Makroanalyse einige Ergebnisse der Mikroanalyse präsentieren.

5.1.2 Warum habe ich diese Diskursfragmente ausgewählt ?

Auch wenn täglich Ländereien enteignet, Siedlungen und Bypassstraßen gebaut werden, so sind das doch keine diskursiven Ereignisse. Nicht weil es nicht von Bedeutung wäre, sondern weil der Diskurs[166] keinen Platz für derartige énoncées bereitstellt. Die Betroffenen versuchen, diese Ereignisse auf die diskursive Ebene zu heben. Mit dem israelischen Regierungswechsel am 17. Mai 1999, der – wie nicht anders zu erwarten – keinerlei Veränderungen bezüglich der Landpraktiken mit sich brachte, erhoffte man sich Aufmerksamkeit von den ausländischen Medien. Sie sind es, und das ist man sich seit der Intifada bewusst, die die israelischen Praktiken zu einem diskursiven Ereignis transformieren können, damit sie nicht mehr ungesehen passieren. Wegen der Permanenz des Siedlungsbau lässt sich dieser schwer als ein mediales Ereignis vermarkten.[167] Mit der Initiierung eines Ereignisses, das mit den Landpraktiken im Zusammenhang stand, erhoffte man deren Alltäglichkeit zu einer Einmaligkeit zu wandeln und damit die Landpraktiken in die Weltöffentlichkeit zu bringen. Der palästinensische "Tag der Wut" über den Siedlungsbau am 3. Juni 1999 sollte diese Aufgabe übernehmen. Er wurde zwar ein diskursives Ereignis im medialen palästinensischen Diskurs um Land, fand aber im internationalen Diskurs kaum Erwähnung. Und wenn über das Ereignis berichtet wurde, so wurde in der Darstellung auf die Menschenansammlung und deren "aufhetzerischen" Äußerungen eingegangen, aber über den Grund der Demonstration, den

---

[166] Der Diskurs: das ist der israelische Diskurs.

[167] Dieses Problem wurde auch in der Konferenz: "Media and Conflict" am 24. Juni 1999 in West-Jerusalem deutlich, in der Gisela DACHS (DIE ZEIT) dieses Problem hervorhob.

Siedlungsbau und seine Folgen, wurde nicht berichtet. Wie ist das zu erklären?

Der Grund für die Diskrepanz ist m.E. auf drei Ebenen zu suchen: Zum einen liegt die Ursache in dem gültigen Kräfteverhältnis. Die Selektionskriterien der Ereignisse und ihre mediale Darstellung erfolgt entsprechend der Vorgaben des dominierenden Diskurses, der wenig Wert auf eine Darstellung der Siedlungsaktivitäten legt und darauf bedacht ist, die Palästinenser in einem bestimmten Licht zu zeigen. Zum anderen hängt die Diskrepanz mit den Formationsregeln des palästinensischen Diskurses zusammen. Die Begriffe, Äußerungsmodalitäten und Themen verfolgen im palästinensischen Landdiskurs anderen sprachlichen Formulierungsregeln als dem dominierenden Mediendiskurs. Die Äußerungen werden aber im dominierenden Mediendiskurs entsprechend seiner, und nicht der palästinensischen, diskursiven Regeln decodiert. Das zeigt sich deutlich, wenn man verfolgt, wie anders im palästinensischen Diskurs Begriffe und Äußerungsmodalitäten aufgefasst werden. Der dritte Grund liegt im Charakter des Ereignisses selber, was sehr aufschlussreich ist für eine Analyse der Strategien des palästinensischen Diskurses um Land.

Auf die letzten beiden Ebenen, den Begriffen des Diskurses, welche nach LINK als ein "System kollektiver Symbole" den Interdiskurs zusammenhalten,[168] und den Strategien des Diskurses werde ich durch die Analyse der Diskursfragmente aus den Sendungen des "Tags der Wut" am 03. Juni 1999 näher eingehen. Ich wählte als Diskursfragment Aufnahmen des Programms: "Guten Morgen Palästina" (*filasṭīn ṣabāḥ al-ḫayr*). Dieses Programm wird um zehn Uhr von den 15-minütigen Morgennachrichten unterbrochen. Als Ergänzung zur Betrachtung der Nachrichten habe ich noch die 18 Uhr Regionalnachrichten, die nach

[168] Vgl. Link, J.1982b: Kollektivsymbolik und Mediendiskurse, *kultuRRevolution* 1, S.11

den zum Teil von mir selbst verfolgten Ereignissen des Tages gesendet wurden, mit herangezogen.

Auch wenn die Analyse sich auf ein Einzelereignis stützt, offenbart sich m.E. dennoch ein allgemeines Prinzip des Konfliktes.

5.1.3 Der nicht- sprachliche Kontext der Diskursfragmente

5.1.3.1 Aufbau und Organisation von *Ṣawt Filasṭīn*

Der Radiosender *Ṣawt Filasṭīn* ist mit 140 Mitarbeitern[169] der größte palästinensische Radiosender. Er ist der einzige lokale Sender, der ein weltweites, wenn auch sehr spärliches Netz an Korrespondenten besitzt.[170]

Die Struktur ist auf dem Organigramm, welches die Wand des Empfangsraums zum Zimmer des Chefs ziert, erkennbar: Yasir ARAFAT steht an der Spitze, direkt darunter folgt Ghadwân Abu AYYASH, dem eine "General Co-ordination" zur Seite gestellt ist. Darunter folgt die Aufteilung in drei Bereiche: Verwaltung, Fernsehen und das Radio. Das Radio ist wiederum in vier Abteilungen unterteilt: die Programmgestaltung, die Nachrichtenabteilung, die Techniker und die allgemeine Verwaltung (inklusive der Pesonalabteilung). Der Chefredakteur für die Programme ist Yusif QAZZAS, der lange Jahre im palästinensischen Radio der PLO arbeitet und schon die Sendungen aus Kairo, bekannt unter dem Namen *Al-'Āṣifa* "Der Sturm" mitgestaltete. Außerdem ist eine Ausbildungsabteilung an das Radio angeschlossen. Die klare hierarchische Aufteilung mit vielen Stufen gibt die Organisation als eine klassische Behörde zu erkennen,[171] die eine personale Verflechtung mit der PLO aufweist.

---

[169] Vgl. Abu Samiah (1999:17)

[170] Im Sommer 1999 besaß es Auslandskorrespondenten in Deutschland, Jordanien, Italien; Ägypten und dem Kosovo.

[171] Das neue Gebäude, welches PBC und *Ṣawt Filasṭīn* beherbergt, ist natürlich bewacht und nur mit vorheriger Anmeldung betretbar. Die Hierarchien lassen sich an den Besetzungen der Stockwerke erkennen: zu unterst die Produktion und in der obersten Etage, das Büro des Direktors Ghadwân ABU AYYASH, in dem ein großes Bild mit ihm und Yasir ARAFAT thront und zu dem die einfachen Journalisten schwer Zutritt erlangen.

Die Ausstattung wurde von Geberländern (Japan, Vereinigten Staaten, Europäischer Wirtschaftsgemeinschaft und UNESCO) finanziert.[172] Die Organisation ist größtenteils fremd finanziert, was sicherlich einen Einfluss auf die Selbdarstellung hat, in der man sich nach Außen an den Vorstellungen der Geberländer orientiert, ohne sich tatsächlich selbst so zu verstehen.

Betrachtet man die Selbstdarstellung etwas genauer, so lässt sich ein Ton herauslesen, der in eine andere Richtung verweist als der, in dem sich die Organisation als ein breites Diskussionsforum für die "Stimmen aller Palästinenser" darstellt. In einem der Faltblätter des Public Relations Office wird eine Definition des PBC geliefert, die, in Auszügen, wie folgt lautet:

> "Definition: The Palestinian Broadcasting Coporation is a public national institution and is a basic and vital part of the Palestinian society's national public structure in the movement of the People towards achieving their basic rights of liberation and independence and the establishment of their independent state on the national Palestinian soil and homeland."[173]

Die Eigendefinition erfolgt nicht durch die Darlegung einer Funktion für die palästinensische Gesellschaft, sondern durch die Selbstdarstellung als Instrument zur Erreichung eines Ziels. Der propagierte Weg dorthin wird in einem am Tage des zweijährigen Bestehens veröffentlichten Faltblatt deutlich. Im letzten Absatz offenbart sich unübersehbar die Orientierungslinie der Organisation:

> "Wahrlich, die Aussendung der Stimme Palästinans verrichtet ihre nationale Pflicht gegenüber ihrem palästinensischen Volk; sie disputiert die gesamten Grundlagen[174], die mit Palästina zusammenhängen, der Nation, dem Volk und dem Staat. Ihr strategisches Ziel ist die Stärkung der Wurzel der nationalen, palästinensischen Identität. Die nationalen Werte unseres

---

[172] Vgl. PBC, Public Relations Office (Hg.) 1998: Palestine Television, Ramallah, S.8

[173] PBC, Public Relations Office (Hg.) o.J.: Palestinian Broadcasting Corporation, Ramallah.

[174] In einer englischen Übersetzung steht an der Stelle " ideologies and thoughts".

> palästinensischen Volkes stützen sich auf Gerechtigkeit, Freiheit, Pluralismus, Demokratie und Friede, damit die Ziele dieses Volkes erreicht werden: den unabhängigen, palästinensischen Staat mit ihrer Hauptstadt des edelen Jerusalem."[175]

Der letzte Satz ist die alles durchdringende Floskel,[176] welche keinen normativen Prinzipien unterworfen ist, somit in der Lage ist, so manches Handeln zu rechtfertigen.

5.1.3.2 Informationen zu den "Bildern" des "Tag der Wut" in Ramallah/Dayr Qaddīs

Die Demonstrationen am "Tag der Wut" wurden von den Regierenden organisiert und nach ihren Vorgaben durchgeführt. Die Menschen aus Ramallah sollten zu dem nordwestlich von Ramallah in der Nähe der Grünen Grenze liegenden arabischen Dorf *Dayr Qaddīs*, zu deutsch "Kloster des Heiligen" demonstrieren. [Vgl. Anhang II, Karte III (1)] Direkt neben diesem Dorf wurden auf den Feldern der Bauern des Dorfes Siedlungen errichtet. Eine davon ist die Siedlung Kiryat Sefer, die obwohl sie erst fünf Jahre alt ist, mit einem Umfang von 10.000 Siedlern und 702 dunums[177] zu den größten Siedlungen zählt.[178] Am 8.Oktober 1996 gab Benjamin Netanyahu seine Pläne zur Vergrößerung des Siedlungsblocks mit 12.000 neuen Wohneinheiten bekannt. Am 11. November 1996 fand eine Demonstration gegen die damit verbundenen Landenteignungen, was für die als Bauern tätigen Besitzer des Landes die Zerstörung ihrer Lebensgrundlage bedeutet, statt. Die israelischen Sicherheitskräfte lösten die Demonstration gewaltsam auf, wobei der politisch sehr aktive Attalah **Amira** von israelischen Soldaten erschossen und zwölf weitere Teilnehmer verletzt wurden.[179] Für die

---

175 PBC, Public Relations Office (Hg.) 1996: The Palestinian Broadcasting Corporation, Ramallah, S.3

176 Die auf Arabisch wie folgt lautet: "*al-dawla al-filasṭīniyya al-mustaqilla wa ʿāṣimathā al-quds aš-šarīf*"

177 1 *dunum* = 1000m²

178 Vgl. http: //www.arij.org/

179 Vgl. Schwartz, M. 1997: Atallah Amira: Died with the Deed in His Hands in: *Challenge, Jan/Feb,*

Vergrößerung der beiden Siedlungen Kiryat Sefer und Nili wurden 1.761 dunums Land der Bewohner von *Dayr Qaddīs* konfisziert. Der Ausbau der Siedlungen nicht weit von der grünen Grenze innerhalb der Westbank, sowie die Erweiterung des die Siedlungen miteinander verbindenden Straßennetzes, zielt auf eine Verbindung mit der in Israel leigenden, schnell wachsenden Siedlung Modi'in ab. Dadurch wird die Grüne Grenze *de facto* verschoben. [Vgl. Anhang III, Karte III (2)]

Nachdem auf der Nationalversammlung am 31. Mai 1999 der 03. Juni 1999 als "Tag der Wut" deklariert und zu Aktionen aufgerufen wurde, fanden an den kommenden Tagen in den verschiedenen Bezirken Sitzungen der PLO statt, welche die Aktivitäten für den "Tag der Wut" organisierten. In Ramallah sammelten sich vornehmlich die Jugend der politischen Parteien am "Tag der Wut" um 12 Uhr im Zentrum der Stadt. Von dort fuhren die Demonstrierenden nach *Dayr Qaddīs*, um gegen die dort geplante Landenteignung zu demonstrieren. Dort gerieten die Demonstranten mit israelischen Soldaten in eine Konfrontation, welche aber relativ zu den sonst in Palästina üblichen Konfrontationen bei Demonstrationen nicht von einer Kriegsstimmung getragen wurde. Im Großen und Ganzen fand das Ereignis keine große Beachtung in der palästinensischen Bevölkerung.

5.1.4 Der sprachliche Kontext der Diskursfragmente: die allgemeine Programmgestaltung

Das Programm "Guten Morgen Palästina" existiert seit der Eröffnung des Senders im Juli 1994. Es ist das erste Programm gewesen, das sich als ein Begleitprogramm an den Sendetyp des Morgenmagazins anlehnt.[180] Zur Eröffnung des Senders gab es noch kaum ausgebildete palästinensische Radiojournalisten. Das Radio hatte sich diesen Termin

---

No.41

[180] Vgl. Krieg, R./ Wünneberg, D. 1995b: Ausbildung von RadiojournalistInnen und RadiotechnikerInnen in den Palästinensischen Gebieten. o.O., S.10

mit Bezugnahme auf des Gaza–Jericho Abkommens und den damit verknüpften Einzug der Autonomiebehörde gesetzt, obwohl sich die Journalisten noch in einem Ausbildungsprogramm für Radiojournalismus und Radiotechnik befanden.[181] Das Begleitprogramm war demnach praktisch als Teil in die Ausbildung integriert, die sehr ergebnisorientiert konzipiert war und aufgrund des Zeitdrucks nicht auf qualitativ hohem Niveau arbeiten konnte.[182] Das Programm wurde jeden Tag (außer Freitags) von 9.30 Uhr bis 11.00 Uhr mit einer 15-minütigen Unterbrechung für Nachrichten gesendet.

Jedes Diskursfragment steht horizontal als auch vertikal in einem sprachlich- diskursiven Kontext, einem Diskursstrang. Dieser

> "stützt sich auf historisch überlieferte Diskursstränge einerseits; andererseits ist er Element eines aktuellen Diskursstranges auf der jeweiligen Diskursebene".[183]

Die geschichtliche und thematische Verstrickung erzeugt dieses komplexe Netz, das sich etwas entwirren lässt, wenn man den sprachlich-diskursiven Kontext verschiedenen Diskurssträngen zuordnet. Das gesamte Programm stellt ein Programm-Cocktail aus "News, Talkshows, Telephone-in, Workshops (sic!), Music and Religion"[184] dar. Der engere sprachliche Kontext des Diskursfragmentes ist ein aus verschiedenen Spots und Segmenten geplotteter Text. Er beginnt und endet mit einem heimatlichen Gruß und Lesungen aus dem Koran. Die Zusammensetzung des Programmes wird jeweils für drei Monate festgelegt.[185] Eine tägliche Grundstruktur, die durch verschiedene Nachrichtenprogramme, Koran- Lesung und Gebetsaufrufe, das Morgenmagazin, das englisch- und französischsprachige Programm, die

---

[181] Vgl. Krieg/Wünneberg 1995a

[182] Aus dem Interview mit Robert KRIEG (freier Radiojournalist) am 04.05.1999

[183] Jäger (1999:191)

[184] Aus dem Interview mit Ghadwân **ABU AYYASH** (Vorsitzender des PBC) am 14.06.1999

[185] Vgl. Faltblatt: *Ad-dawr al-barāmiǧiyya al-ǧadīda iʿtibāran min 1.5.1999-31. 8.1999.* (Die neue programmliche Runde beginnend mit dem 1.5.-31.8.'99)

'UMM KULTHÛM[186] Stunde und ein Nachtmagazin gegeben wird, ist dabei jedoch unveränderlich. Die einzelnen Segmente, die aus dem Monatsplan ersichtlich sind, lassen sich drei bzw. vier verschiedenen Bereichen zuteilen, die durch Sprache und Form eine jeweils eigene mediale Diskursebene konstituieren. Die erste Ebene ist die des Nachrichten-Diskurses. Die zweite ist die programmliche Ebene, aus der die künstlerische Ebene und die religiöse Diskursebene zu extrahieren sind. Als Unterscheidungskriterium die sprachliche Form zu wählen, ist m.E. in diesem Fall eindeutiger als die häufig vorgenommene funktionelle Unterteilung nach Information und Unterhaltung. Bevor ich auf die Diskursstränge dieser Ebenen im einzelnen eingehe, möchte ich kurz etwas zur sprachlichen Form der arabischen Medien sagen.

5.1.4.1 Die arabische mediale Sprache

Traditionell wird in der schriftlichen Kommunikation eine Sprache verwendet, die sich recht stark von der gesprochenen Sprache unterscheidet. Aus der Schriftsprache hat sich eine Form des Hocharabischen entwickelt, die einheitlich in der gesamten arabischen Welt für die Nachrichten in Zeitung, Radio- und Fernsehen verwendet wird. Sie verlangt ein bestimmtes Vokabular und eine gute Kenntnis der arabischen Grammatik, deren Kenntnis oder Unkenntnis schärfste Kritik hervorruft. Der Nachrichtenstil ist den Journalisten, wie auch den Konsumenten verinnerlicht und ist erwartbar. Dieser Stil ist zwar eine Form des Hocharabischen, der sich jedoch in Inhalt und Vokabular in engen Grenzen bewegt. Allgemein ist das Bewusstsein für die sprachliche Form weit aus stärker verbreitet als in Deutschland.

> "Die Sprache spielt eine wichtige Rolle. In der arabischen Sprache gibt es viele Metaphern, sie ist sehr dichterisch, und im Vergleich mit den anderen Sprachen auch sehr rhetorisch.

186.`UMM KULTHUM ist eine sehr berühmte ägyptische Sängerin. Angeblich soll der Angriff des Sechstage Krieges deshalb so erfolgreich verlaufen sein, weil die ägyptischen Soldaten nicht auf ihren Stellungen verharrten, sondern vor den Radios einem Konzert dieser Sängerin lauschten.

> Bezüglich der arabischen Sprache kannst du eine halbe Stunde reden, bevor du zu dem Ziel kommst, was du eigentlich sagen willst. Und das ist für unser Volk nicht langweilig, vielmehr drückt es dadurch etwas anderers aus, ganz andere Sachen: das Wort als ein Lied. Es gibt doch Wörter, die Lieder sind, Wörter als Umwege ... und noch etwas mehr als das: es gibt so viele Worte für das Selbe, *er gibt Beispiele, die er alle auf einen Zettel schreibt; während des ganzen Gespräches verdeutlicht er seine Aussagen durch bildliche Darstellung und Aufschreiben der englischen Begriffe*, das ist im Arabischen unendlich ... .Und es gibt im Arabischen etwas, dass heißt *balāġa* *(Beredsamkeit)*, das ist eine Begabung, eine "linguistic intelligence", ... Es gibt so etwas wie eine Fähigkeit zum Ausdruck. ... ... Und deswegen ist die Sprache im Hörfunk so wichtig, weil die Leute unterscheiden können zwischen dem Wort und dem Wort."[187]

Für einen Radiosender, in dem öffentlich gesprochen wird, ist die Frage nach der angemessenen Form der Sprache kritisch. Von dem einen wird argumentiert, dass der Dialekt authentischer und näher am Volk ist, und deswegen zu bevorzugen ist, wohingegen andere betonen, dass das Wort im Radio öffentlich ist, und dementsprechend die Hochsprache, die eine lange literarische Tradition aufweist und in enger Verbindung mit der als besonders schön empfundenen Sprache des Korans zu sehen ist, verwendet werden soll. In dem palästinensischen Lehrbuch zum Radiojournalismus heißt es, dass die geschriebene Sprache zu schwer verständlich ist. Die gesprochene Sprache eignet sich auch nicht, da sie

> "nicht genau und nicht intensiv genug ist, es viele Wiederholungen gibt und sie voll von unklaren Ausdrücken ist, wodurch sie dem Hörer, wenn er ihr im Radio zuhört, die Klarheit trübt. Die Lösung liegt in der Mitte zwischen der gesprochenen und der geschriebenen Sprache: eine Sprache, die exakt ist wie die geschriebene Sprache und einfach wie die gesprochene."[188]

---

[187] Aus dem Interview mit Ghadwân **Abu Ayyash** am 20. 06 .1999

[188] Lassen, K./ 'Awad, A. 1996: Radiojournalismus (*Ṣaḥāfa ar-rādīū*), Ramallah, S.59

In den Nachrichtensendungen ist die Orientierung an der Schriftsprache am deutlichsten zu hören.

5.1.4.2 Der Nachrichten- Diskurs

Den ersten Bereich bilden die Berichte und Kommentare der Nachrichtenproduktion, die in Verbindung zu sehen sind mit a) dem medialen Diskurs der anderen Medien, besonders der Printmedien (die in einer bestimmten journalistischen Tradition stehen) und b) den Ereignissen und Bildern im Realraum. Das ist der Bereich, der nach den Theorien der Westlichen-Informationsgesellschaft, die informierende mediale Diskursebene konstituiert, der eine besondere Bedeutung in der sozialen Wirklichkeitskonstruktion beigemessen wird. In Palästina zeichnet sich diese Ebene weniger durch ihre Informationsfunktion als durch die oben erläuterte Sprache aus. Deshalb möchte ich diese Unterebene der medialen Diskursebene, auf der sich ein eigener Diskurs formiert auch nicht als den informierenden, sondern einfach als den Nachrichten- Diskurs bezeichnen. Neben der sprachlichen Form zeigt sich, dass in der Schule des arabischen Journalismus dem Nachrichtenfaktor: "Elitepersonen" ein hoher Nachrichtenwert zugeschrieben wird. Was auch immer die "Männer der Geschichte" tun oder nicht tun, ist ein zu berichtendes Ereignis.

Ṣawt Filasṭīn sendet internationale als auch lokale Nachrichten. Für die Produktion der lokalen Nachrichten hat *Ṣawt Filasṭīn* in jeder autonomen Stadt und in Jerusalem einen Korrespondenten, der für alle dortigen Ereignisse zuständig ist. Die Aufteilung der Korrespondenten erfolgt also vorrangig nach der Region und nicht nach dem Ressort. Es fällt auf, dass die Nachrichten in der Sendung nicht nach ihrer Wichtigkeit oder sonstigen journalistischen Standards geordnet sind, sondern einzig und allein einer festen Abfolge der Regionen folgen. Aus jeder Stadt wird berichtet, auch wenn sich dort eigentlich nichts Berichtenswertes ereignet hat.[189]

5.1.4.3 Die Programmebene

Der zweite Bereich umfasst die verschiedenen Programme, deren Sprache offener gestaltet ist. Auf dieser Ebene bündeln sich Diskursstränge aus vielen gesellschaftlichen Bereichen. Insgesamt gab es in dem Zeitraum von Mai bis August 1999 59 Programme,[190] von denen das bekannteste Programm "Guten Morgen Palästina" ist.[191] Viele der Programme sind gesellschaftlich orientiert. Ein Programm bietet z.B. die Möglichkeit für Familienangehörige durch das Radio mit den – oft ohne Anklage und Gerichtsverfahren – in israelischen Gefängnissen Inhaftierten zu kommunizieren, oder ein Arzt gibt gesundheitliche Ratschläge, Kindersendungen, Frauenprogramme etc. Ein anderer Teil der Programme ist von literarischer Natur.

Der literarische Diskurs, der sich hier auf medialer Ebene zeigt, lässt sich nicht klar von dem informationsverbreitenden und dem politischen Diskurs trennen. Das bedeutet, dass in ihnen durchaus auch die Ereignisse des Realraums diskursiv verarbeitet werden, denn im Schatten der Zensur wurden Metaphern und Bilder, durch die sich der literarische Diskurs auszeichnet, auch zu Stilmitteln für die Verbreitung von Informationen und politischen Ansichten. Die Unterscheidung von "politischen Texten" und Literatur, dem einen als real und dem anderen als "fiktional", die **JÄGER** vornimmt, erweist sich hier als schwierig. [192] Aber auf medialer Ebene ermöglicht die sprachliche Form eine Zuordnung zum Nachrichten-Diskurs oder zum literarischen Diskurs, die

---

[189] Vgl. Musa (1998:68)

[190] Wobei das Tagesprogramm täglich in der Zeitung Al-Ayyam veröffentlicht wird.

[191] Vgl. Abu Samiah (1999:17)

[192] Vgl. Jäger (1993:201)

beide über Ereignisse des Realraums berichten und politische Ansichten verbreiten können.

In einem weiteren Teilbereich der künstlerischen Ebene fasse ich die musikalischen Episoden der Programmgestaltung zusammen. Dabei handelt es sich hauptsächlich um Lieder, deren Texte einen eigenen Diskurs, der in einer engen Verbindung zu dem literarischen Diskurs steht, formieren. Dieser Bereich, der meist mit reiner Unterhaltungsfunktion abgetan wird, ist m.E. nicht zu unterschätzen. Er zeigt eine große Wirkung auf die Ereignisse im Realraum und spielt auch für die Informationsvermittlung eine Rolle. Auch dieser Diskurs verweist auf eine geschichtliche Tradition, die Lieder mit bestimmten geschichtlichen Ereignissen in Verbindung setzt.

Das gesamte Programm ist als ein Begleitprogramm mit ausländischer Hilfe initiiert worden. Dementsprechend hatte es ein bestimmtes Format, deren musikalische Farbe: adult contemporary (25-50 jährige), album oriented rock (für Jugendliche und junge Erwachsene), contemporary hit radio (das sog. Top-40-Format), easy listening (für ältere Hörer), middle of the road (für jeden etwas) umfassen sollte. Diese Grundlage musste natürlich für den arabischen Raum erweitert und umgebaut werden.[193] Mustafa KURD, ein auch in Deutschland recht bekannter Musiker hat die Musikbibliothek aufgebaut. Er erzählte mir[194], dass er sämtliche arabische Klassiker, arabische Poplieder und Schlager, aber auch nicht leicht zu bekommende palästinensische Volkslieder und z. B. die Lieder der palästinensischen Musikgruppen: AS-SARIA, SABREEN und AL-FUNUN in das Musikarchiv aufgenommen hat. Nicht-arabische Musik gibt es kaum, ein paar Werke klassischer Musik für das englische Programm und einige englische Schlager. Die Lieder sind alle mit Zeitangaben,

---

[193] Vgl. Krieg/Wünneberg (1995b:17)

[194] Gespräch in seinem Musikzentrum in Jerusalem am 19. Mai 1999.

Titel und Interpret in einem Computer eingegeben, der sie in vier Kategorien unterteilt:

gefühlsvoll/sentimental (*ʿāṭifī*)
Folklore (*turāṯ*)

national (*waṭanī*)
und religiös (*dīnī*).

All die Programmelemente, die einen religiösen Bezug vorweisen, konstituieren einen eigenen Bereich. Dies sind der tägliche Gebetsaufruf, die zur Eröffnung und zur Beendigung des Tagesprogramms gesendeten Koranlesungen, die Übertragung des Freitagsgebetes und die freitäglichen religiösen Programme, die sich auf einen "religiösen" Diskurs beziehen. Auch hier wird eine bestimmte Sprache verwendet, weshalb ich die sprachliche Form als Unterscheidungsmerkmal wählte. Den religiösen Diskurs habe ich nicht gesondert untersucht, weshalb ich mich nur am Rande dazu äußern werde.

Die Programmgestaltung wirkt trotz der Vielfalt relativ uniform. Dies liegt an einem bestimmten Stil, der sich durch die geringe Verwendung von O-Tönen auszeichnet. Das meiste wird im Studio produziert, die mit O-Tönen aus Telefoninterviews gespeist werden. Die Qualität der einzelnen Programme ist jedoch im starken Maße von dem jeweiligen Journalisten abhängig und dementsprechend unterschiedlich.

5.1.5 Die ersten beiden Diskursfragmente: Die Nachrichten vom 03. Juni 1999 um 10.00 Uhr und um 18.00 Uhr[195]

5.1.5.1 Zusammenfassende Darstellung der angesprochenen Themen (Makrostruktur)

Neben den zehn Uhr Kurznachrichten (*mūǧaz al-'anbā'*) am 3. Juni 1999, die als 15-minütige Unterbrechung in das Morgenmagazin eingebunden sind, habe ich noch die "Zweiten detaillierten Regionalnachrichten" (*an-našrāt al-maḥalliyya aṯ-ṯāniyya*) von 18.00-18.15 Uhr mit in die Betrachtung hinein gezogen, da diese nach den Ereignissen des Tages verfasst wurden.

Die zehn Uhr Kurznachrichten (*mūǧaz al-'anbā'*) beginnen nach einem recht dramatischen Nachrichtenjingel und der Begrüßung mit der Nachricht des Todes eines \`Ala Yusif Abu Sharkh. Danach folgt die Nachricht über den Generalstreik in Jerusalem. Als dritten Punkt wird die Sitzung des Durchführungskommitees unter Vorsitz von Yasir Arafat präsentiert sowie Arafats Empfang des amerikanischen Konsuls in Jerusalem. Danach folgen Auslandsnachrichten.

Die Regionalnachrichten um 18 Uhr (*an-našrāt al-maḥalliyya aṯ-ṯāniyya*) beginnen ebenfalls mit dem Tod von \`Ala Yusif Abu Sharkh. Danach folgt ein Bericht über eine Versammlung der palästinensischen Arbeiter in dem auf die mehr als 20 Arbeiter, welche seit 1996 durch israelische Kugeln ihr Leben ließen, hingewiesen wird. Anschließend folgt ein langer Bericht über die Ereignisse des "Tag der Wut". Erst danach wird von drei verschieden Treffen Yasir Arafats berichtet. Abschließend wird über eine geplante Konferenz zur Fortführung der Aktivitäten informiert.

Beide Nachrichten werden erwartungsgemäß in feinem Hocharabisch verlesen. Die Sprache entspricht also den Erwartungen und Traditionen des Nachrichten- Dikurses. Es ist ein trockener Stil, der trotz des

[195] Vgl. Übersetzung der Transkription der Diskursfragmente im Anhang I (1) S.iv-vii

offiziösen Charakters nicht als nüchtern bezeichnet werden kann, da er mit vielen Floskeln und symbolischen Redeweisen verbunden ist. Dabei wird wenig von den eigentlichen Ereignissen berichtet. Nichts erfährt man über die Stimmung der Beteiligten, deren Meinungen o.ä. Dementsprechend unterscheidet sich der Bericht vor dem geplanten Ereignis und dem nach dem sich ereigneten Ereignis nur in der Angabe der Verletzten. Die Tötung von `Ala Yusif Abu Sharkh wird als eines der Ereignisse des "Tag der Wut" genannt, obwohl sie eigentlich nicht mit den Aktivitäten des Tages im Zusammenhang steht. Hier geht es jedoch nicht um eine journalistische Bewertung der Sendung, sondern um den sich hier offenbarenden Landdiskurs. Zum einen sind in der Beschreibung der Ereignisse einige aus dem Interdiskurs entnommene Kollektivsymbole erkennbar. Diese möchte ich zuerst darlegen. Zum anderen weisen bestimmte immer wiederkehrende Wortverbindungen und Formulierungen auf eine Strategie der medialen Diskursführung hin.

5.1.5.2 Mikroanalyse des Diskursfragmentes

Das Land und seine Märtyrer

Der Tod von `Ala Yusif Abu Sharkh erhält durch seine in beiden Nachrichten zu Anfang positionierte Stellung, die normalerweise für Präsident Yasir ARAFAT reserviert ist, eine besondere Gewichtung. Dieser Tod des Landsmannes (*muwāṭin*[196]) wird als ein Märtyrertod (*istišhād*) präsentiert. Die Bezeichnung eines Märtyrers (*šuhadā'*) kommt allen Menschen, die in der Konfrontation mit der Besatzungsmacht umkommen, zu. Auch die in dem Bericht über die Arbeiterversammlung erwähnten getöteten Arbeiter werden *šuhadā'* genannt. Das Wort markiert einen diskursiven Knotenpunkt von dem Landdiskursstrang[197] über den Diskursstrang des Konfliktes - wobei die realen Machtverhältnisse durch

---

[196] vom selben Stamm wie Heimat, Nation, Vaterland (*waṭan*).

[197] Denn dieser Begriff ist in dem Landdiskurs integriert.

die Opfer-Konnotation impliziert sind - zum religiösen Diskurs. Der Begriff *šahīd* klingt für Palästinenser im Gegensatz zu seiner Übersetzung in unseren Ohren nicht merkwürdig, beladen oder übertrieben. Das Wort stellt im palästinensischen Diskurs eine Katachrese, eine ausgelöschte Metapher dar, die auch im Interdiskurs weitverbreitet ist und die in gewisser Weise als ein Kollektivsymbol im LINKschen Sinne zu betrachten ist[198]. Aus dem muslimischen religiösen Diskurs kommend hat dieser Begriff im nationalen, palästinensischen Diskurs Eingang gefunden, wodurch ihm allerdings ein Bedeutungswandel widerfahren ist. Im muslimischen Kontext wird derjenige, der im Kampf für die Sache Gottes sein Leben lässt, als ein *šahīd* (pl. *šuhadā'*) bezeichnet, was mit Märtyrer übersetzt wird. Das Wort kommt von der Wurzel *šahada* mit der Bedeutung "bezeugen, bestätigen" und bezeichnet jemanden, dem Gott und die Engel den sofortigen Zulass ins Paradies "bezeugen". Der direkte Eintritt ins Paradies ist dem *šahīd* garantiert. Der Kampf für die Sache Gottes wird *ǧihād* bezeichnet, was häufig irreführend mit "heiliger Krieg" übersetzt wird. *Ǧihād* bezieht sich nicht zwangsläufig auf einen Krieg. Es stammt von der Wurzel "*ǧahada*" mit der Bedeutung "sich anstrengen, sich bemühen" und bezieht sich als Verbalnomen des dritten Stammes (*ǧihād*) auf eine Anstrengung, eine Bemühung. Im muslimischen Kontext verweist es auf die Bemühungen für die Sache Gottes, was je nach Einbettung des religiösen Dikurses in seinen sozial-politischen Zusammenhang verschiedene Handlungen bezeichnet, die von Anstrengungen gegen das Böse selbst bis zu militärischen Kampfeinsätzen reichen. Im palästinensischen Diskurs fand nun eine Transformation im ANDERSONschen Sinne von "Gott" zur "Nation," zum Land Palästina statt. Demjenigen, der im Kampf um die Sache Palästinas sein Leben verliert, wird als *šahīd* der sofortige Eintritt in die Ewigkeit im Mythos der

198 Vgl. Jäger (1993:157)

ewig-lebenden Nation garantiert. Die religiöse Terminologie ist also nicht unbedingt von religiöser Natur.

Sobald natürlich der Kampf für Palästina mit dem Kampf für die Sache Gottes gleichgesetzt wird, lässt sich der Nationalkampf religiös legitimieren. "*Šahīd*", Märtyrer, verweist im palästinensischen Diskurs auf den Kampf gegen die Besatzung, und charakterisiert das Sterben als ein Sterben für die Heimat/ das Vaterland (*al-waṭan*), d.h. dass der Verlust des Lebens als ein Opfer auf dem Weg zur Rückgewinnung des Bodens/Erde/Landes (*al-'arḍ*) gedeutet wird, obwohl das – der Logik des israelischen Diskurses und seiner Bilder folgend – nie passieren wird. Der Märtyrer symbolisiert das Nicht- Aufgeben, das Durchhalten trotz Opfer im Widerstand gegen die israelischen Praktiken. Er tritt ein als Symbol, als ein Bild in den literarischen Diskurs der Gedichte und Kurzgeschichten, die unter dem Namen: *'adab al-muqāwama*, Widerstandsliteratur, bekannt wurden.[199] Von dort strömen die Metaphern in den gesamten palästinensischen Diskurs und durchtränken ihn mit farbenträchtigen Bildern. So ist die enge Verbindung von Märtyrer (*šahīd*) und Boden (*al-'arḍ*), dem "Blut und der Erde" (*ad-dam wa-l-'arḍ*), wie Nabhan KHREISHEH es ausdrückt, "typisch" für den palästinensischen Diskurs. Auch die Hochzeit (*al-'urs*), die im Moment des Todes zwischen dem Land, das oft in der Allegorie einer Frau dargestellt wird, und dem Märtyrer vollzogen wird, ist eines dieser weitverbreiteten Bilder.

Durch den palästinensischen Diskurs erfährt der Tod in der Bezeichnung als *šahīd* eine Aufwertung dadurch, dass der Wirkungslosigkeit der zahlreichen Opfer der Besatzung eine Bedeutung entgegengesetzt wird, welche den Tod des Freundes, Bruders oder Vaters nicht als einen sinnlosen Schmerz zu Tage treten lässt, sondern ihm in religiöser

---

[199] Vgl. Kanafani, G. 1968: Palästinensische Widerstandsliteratur unter der Besatzung (*Al-adab al-filasṭīnī al-muqāwama taḥta al-iḥtilāl*), Beirut und Jayyussi, S. 1977: Trends and Movements in Modern Arabic Poetry, Leiden.

Terminologie gekleidet durch die Positionierung in einen nationalen Kontext einen Sinn verleiht. So mag in einer *de facto* Ohnmacht der Mythos der Nation (*waṭan*), dem Land (*'arḍ*) und dem Volk (*ša'b*) über den Verlust von Leben, Besitz (Land, Häuser, ID-Karten) und Rechten hinwegtäuschen, ein Mythos der bekannterweise viele Kriegshandlungen ertragbar zu machen, aber auch zu legitimieren imstande ist.

In der Nachrichtenproduktion von *Ṣawt Filasṭīn* wird der Begriff *šahīd*, Märtyrer bewusst verwendet. Dies teilte mir ein Journalist, der zeitweise bei *Ṣawt Filasṭīn* arbeitete, mit.[200] Der Begriff ist zwar aus dem Interdiskurs genommen, wird hier aber auf medialer Ebene strategisch eingesetzt, um das Ereignis aufzuwerten.

Das flächenlose, unverortete Land der Orte

Betrachtet man die Begriffe, die auf das Land verweisen, auf seine Plätze und Orte, so stellt man fest, dass die Größe dieses Landes, seine Grenzziehung und seine Verortung seltsam unkonkret und verschwommen formuliert wird. Das ist um so erstaunlicher, da es sich um den umkämpften Gegenstand handelt. Eine klare Darlegung der eigenen Ansprüche auf diesen Gegenstand wäre eigentlich zu erwarten gewesen. Stattdessen findet der Name des Landes kaum Erwähnung, und die an seiner statt verwendeten Ortsnamen lassen die Konturen und Grenzen des Landes im Ungewissen.

Die Namen der genannten Städte werden in den zehn Uhr als auch in den 18 Uhr Nachrichten im Zusammenhang von Verwaltungsbezirken genannt. Am Morgen wird von dem Aufruf zu Massenmärschen in "allen Bezirken der Nation" (*fī kāfatin muḥāfiẓāt al-waṭan*) gesprochen, während

[200] Muhammad SANURI in einem Gespräch im Media Resource Center am 28.06.1999. Er hatte einmal bei der Berichterstattung den neutralen Begriff: Tötung (*qatl*) verwendete, was sofort mit *istašhada* (den Märtyrertod erleiden) ersetzt wurde.

am Abend das Sich-Ereignen der Massenmärsche in allen Bezirken der Nation berichtet wird. Die Verwendung des Wortes "Bezirk" (*muḥāfaẓa*) ist in der Nachrichtenproduktion *Ṣawt Filasṭīn* vorgeschrieben und ersetzt das früher benutzte Wort "Provinz" *(liwā')*.[201] Auch das Wort "Westbank" (*ḍiffa ġarbiyya)* soll in den Sendungen von *Ṣawt Filasṭīn* mit dem Wort "palästinensisches Ufer" (*ḍiffa filasṭīniyya*) ersetzt werden. Die Vorgabe und Substitution bestimmter Begriffe des Landdiskurses offenbaren eine bewusste, kontrollierte Verwendung dieser Begriffe, was einige Schlüsse zulässt. Mit der unbestimmten Ortsbeschreibung "allen Bezirken der Nation" wird eigendlich kein zusammenhängendes Gebiet bezeichnet, denn es handelt sich bei diesen Bezirken nur um die acht selbstverwalteten Städte (Jenin, Tulkarem, Nablus, Qalqiliya, Ramallah, Betlehem, Hebron und Gaza), die nach dem Osloer- Abkommen das A-Gebiet ausmachen. Dass diese Orte und keine andere Fläche gemeint ist, zeigt sich auch in der namentlichen Erwähnung aller sieben Städte der Westbank als Bezirke (Bezirk Ramallah/Bireh, Bezirk Hebron, Bezirk Bethlehem etc.), dem Bezirk Gaza und der Stadt Jerusalem, das eine besondere Stellung einnimmt. Durch die lange Liste entsteht der Eindruck eines großen Gebietes, was über die Tatsache hinwegtäuscht, dass die selbstverwalteten Bezirke gerade mal 3% der Westbank und des Gazastreifens ausmachen.[202] Auffallend ist, dass keine der palästinensischen Städte oder Dörfer, die sich innerhalb des israelischen Gebietes befinden, erwähnt werden. Das Gebiet, was angesprochen wird, besteht aus lauter Stücken mit vielen Löchern und Lücken.

Eine besondere Rolle spielt die Stadt Jerusalem, die auf Arabisch die Heilige (*al-quds*[203]) heißt. Sie wird hier, was auch in der Zeitung üblich ist, das "besetzte Jerusalem" (*al-quds al-muḥtalla*) genannt. Das betont den

---

[201] Aus dem Interview mit Hamid Qadus am 29.06.1999

[202] Vgl. ARIJ [http://www.arij.org/]

[203] Der arabische Name für Jerusalem

Objektstatus der Stadt, der auf die sie in Besitz nehmenden israelischen Praktiken verweisen soll. Die Stadt als eine den Praktiken unterworfene, zeigt sich auch in dem Begriffspaar der "Judaisierung Jerusalems" (*tahwīd al-quds*), was im Diskursfragment häufig im selben Atemzug mit Landkonfiskation und Besiedlung genannt wird. Ihre weiteren dort zu hörenden Namen sind die "heilige Stadt" (*al-madīna al-muqaddasa*) und "die edle Stadt" (*al-madīna aš-šarīfa*). Das verweist auf die religiöse Bedeutung der Stadt, welche auch in dem sie symbolisierenden Zeichen, dem Felsendom, zum Tragen kommt. Den religiösen Diskurs um das Land habe ich allerdings ausgeklammert, da er nur strategisch instrumentell von offizieller Seite geführt wird und in Einbeziehung der inoffiziellen Seite eine eigene Studie erfordern würde (vgl. unten). Von den Stadtteilen Jerusalems sind zwei Gebiete *Ra's al-ʿAmūd* und der *Ǧabal Abu Ġanaym* mehrmals erwähnt, die als "Konfrontationszonen" durch den dortigen Siedlungsbau bekannt sind. Allgemein wird selten von der Stadt etwas anderes berichtet. Darin äußert sich eine zunehmende Entfernung der Stadt für die Bewohner der Westbank und natürlich erst recht für die des Gaza Streifens. Ihr Zugang ist den Palästinensern aus beider Gebiete prinzipiell verwehrt. Dies führt zu einer Unkenntnis der Straßenzüge und Stadtviertel, einer Entfremdung von dem Jerusalemer Alltagsleben und ihrer kulturellen Ereignisse und fördert die Mythosbildung "Jerusalem", der Heiligen, Edlen, unantastbaren "Blume der Plätze" (*zahra al-maydān*).

Während das Land aus Orten ohne Ort namenlos bleibt, wird ein anderer Begriff mit Betonung verwendet: die Nation. Sie führt den Kampf gegen die Besiedlung des palästinensischen Bodens an. Die populären/nationalen (*šaʿbiyya/waṭaniyya*) "Massenmärsche" (*sīra ǧamhīrī*) setzen sich in den "Bezirken der Nation" gegen die "Kolonisation/Besiedlung" (*istiʿmār/istīṭān*) zu den palästinensischen Ländereien/Böden (*'arāḍ al-filasṭīnī*) in Bewegung, um die von der Enteignung (*muṣādara*) bedrohten Gebiete zu schützen. Dabei werden weder Zahlen der Teilnehmer genannt, noch wird über die Größe der Besiedlungsfläche, der Landenteignung und ihre genaue Lokalisation berichtet. Die Information besteht in der jeweiligen Anzahl der Toten und Verletzten des "friedlichen Massenmarsches". Der Ohnmacht gegenüber der Permanenz des Siedlungsbaus wird ein Ignorieren seines Ausmaßes, der Zahlen und Flächen entgegengesetzt.[204] Mit den "nationalen Massenmärschen" soll durch den "palästinensischen Tag der Wut" ein von oben organisiertes, als von "unten" verkauftes, einmaliges und spektakuläres Ereignis erzeugt werden, durch das der Siedlungsbau in den Medienrealitäten Eingang findet. Daher die Fokussierung der Berichterstattung auf Tote und Verletzte und die klare Deutung des Ereignisses, was in dem von ABU ʿALAʾ am 30. Mai 1999 verkündeten und seit dem permanent wiederholten Schlagwort: Kein Friede mit der Besiedlung (*lā salām maʿ l-istīṭān*) zum Ausdruck kommt. Kein Friede, dass heißt, man versucht der Besiedlung durch Drohung entgegenzutreten und sich damit über die Machtlosigkeit hinwegzutäuschen. Deswegen auch der "palästinensische Tag der Wut", an dem "Massen" ihre Ländereien verteidigen. Weder das, was sich dort ereignete, noch das, wogegen man demonstrierte, wird in den Nachrichten vermittelt. Das Ereignis wurde von der Nationalkonferenz initiiert. In der Darstellung sind es die politischen Parteien, Komitees und Versammlungen – welche allesamt das Attribut "national" tragen – die für die Organisation dieses Tages zuständig sind. Es sind die "populären" (*šaʿbī*) und "nationalen Massen", die sich an den Aktionen beteiligen. Die Nation ist administrativ definiert, durch Bezirke und den Verwaltungsapparat, durch den "Staat". Der besonderen Bedeutung Jerusalems wird als edle Hauptstadt der Nation Rechnung getragen.

---

[204] Wenn Zahlenangaben gemacht werden, so sind sie nicht in aussagekräftigen Statistiken integriert, sondern drücken nur ein "sehr viel" aus. Darüber hat sich der im Orientinstitut arbeitende Geograph Khalīl TAFAQI beklagt. Er sagte mir, daß die Journalisten nie die echten Zahlen und Statistiken wissen wollen, sondern nur hohe Zahlen hören möchten, ohne auf die eigentliche Aussage dieser Zahlen näher einzugehen.

Folgender Satz der Morgennachrichten bringt die "Strategie" auf den Punkt:

> "In seiner Bekanntmachung drückt das Durchführungskomitee seine hohe Wertschätzung gegenüber dem populären und nationalen Standpunkt gegen die Besiedlung aus und ruft gleichzeitig alle Landsleute zur aktiven Teilnahme am palästinensischen Tag der Wut auf, der den nationalen Weg und das Recht unseres Volkes in der Errichtung seines unabhängigen Staates und seiner Hauptstadt des edlen Jerusalems verteidigt."[205]

Betrachtet man die verschiedenen Begriffe, die sich auf das Land beziehen, so zeigt sich eine bestimmte Gestalt eines – namenlosen – Landes. Dieses Land hat weder eine Fläche, noch eine Grenze, obwohl es selber nur aus Grenzen besteht, und damit auch keinen klaren geographischen Ort, obwohl es nur aus Orten besteht. Es setzt sich diskontinuierlich aus acht Städten zusammen, deren Distanzen zueinander keine Maße besitzen. Anstatt Entfernungen gibt es nur hier und dort, am selben Ort ganz nah und woanders in der Ferne ganz weit. Die Nation hat den Namen des Landes ersetzt, deren Territorialfläche die der selbstverwalteten Gebiete ist und die einen Mythos als Hauptstadt in Anspruch nimmt. Die Aussage dieses Diskurses wird noch deutlicher, wenn man die anderen Teile des Diskursfragmentes hinzunimmt.

[205] Zit. im Anhang I (1) S. v, Betonung der Verf.

5.1.6 Das dritte Diskursfragment aus dem Programm: *Filasṭīn ṣabāḥ al-ḫayr* (Palästina, Guten Morgen) am 03.Juni 1999[206]

5.1.6.1 Zusammenfassende Darstellung der angesprochenen Themen (Makrostruktur)

Das Morgenmagazin ist relativ offen gestaltet. An diesem Donnerstag setzte sich das Programm aus Musikbeiträgen, der Moderation und Telefon-In Episoden zusammen.

Ein Teil der Musikbeiträge sind Stücke der berühmten libanesischen Sängerin Fairuz. Diese Stücke rahmen die Moderation und einen Bürgeranruf ein. Danach folgt ein moderierter Telefonbeitrag des Präsidenten der Palästinensischen Journalisten Vereinigung Naim **AL-TUBASSI**. Der anschließende Abschnitt besteht aus einem weiteren Bürgeranruf, der von einem bekannten Nationallied: *'Unādikum* (Ich rufe Euch!) eingefaßt und moderiert wird. Im Anschluss daran wurden die oben analysierten zehn Uhr Nachrichten gesendet.

5.1.6.2 Die Mikroanalyse des Diskursfragmentes

Die Moderation des Morgenmagazins ist recht pathetisch. Sie beginnt mit einer sehr tiefen Stimme, die Grüße ausrichtet: Grüße an alle Teilnehmer, Bürger und Bürgerinnen und Verantwortliche des "Tag der Wut des palästinensischen Volkes". Dadurch wird wieder ein "Bild von Palästina" hergestellt; "ein Bild der Freiheit, das auf die Befreiung des palästinensischen Vaterlandes von der Besiedlung, von der Besatzung verweist." Der Höhepunkt der Stimmführung, die mit einem Hall-effekt versehen wurde, ist "die Befreiung des palästinensischen Vaterlandes" (*taḥrīr al-waṭan al-filasṭīnī*) Die Klimax wird noch durch die musikalische Untermalung gestärkt, die danach in einer sehnsüchtigen Klangfarbe

---

[206] Vgl. Übersetzung der Transkription des Diskursfragments im Anhang I (1) S.i-iv

einsetzt. Mit dem "Tag der Wut" soll durch die Befreiung von der Siedlung, eine Befreiung von der Besatzung erfolgen, aus der ein "freies Palästina" als Krönung hervorgeht. "Palästina" und "Freiheit" stehen, beide äußerst emotional beladen, für eine unerfüllte Vision. Der kommende Tag wird mit dem Stilmittel des Gegensatzes als ein Schritt dorthin gedeutet. Als ein Tag "des Sieges (*intiṣār*), der Wahrheit/ Recht *(al-ḥaqq)*" über "die Lüge/den Trug *(bāṭil)*", "der Heimat/ Vaterland *(al-waṭan)*" über "die Besatzung (*iḥtilāl*)" und "der unveränderlichen Wahrheit (*ḥaqīqa ṯābita*)" über "die Hochmut/Arroganz (*ġaṭrasa)"*. Vaterland/ Recht und Wahrheit stehen der Besatzung/ Lüge und Arroganz als Gegensätze gegenüber.[207]

Im folgenden Bürgeranruf wird ein langes Gedicht dargeboten, das von der Anruferin selber verfasst wurde. Das Gedicht trägt den Titel: 'An Jerusalem' und handelt von dem Heldentum der Männer. Es ist äußerst metaphorisch und durch eine schwierige grammatikalische Struktur charakterisiert, so dass ich nur andeutungsweise versuchen kann, hieraus die Konnotationen der Landbegriffe zu extrahieren, um sie als Bedeutungsvarianten in die Landdiskursanalyse einzubauen. Es existiert ein ganzer Strang äußerst komplexer metonymischen Verwendung von Orten und Städten. Die Metaphern für das Land und seine Alliterationen sind sehr gewaltig. Die Heimat (*waṭan*), das Land (*'arḍ*), die Fruchtbarkeit und die Frau ist so eine metaphorische Reihe. Dieser Reihe korrespondiert eine entsprechende Reihe, die auf den Verlust der Lebensgrundlage verweist. Durch die Besatzung (*iḥtilāl*) und Besiedlung (*istiṭān*) wird die Heimat zerstört, das Land wird durch den Raub (*nahb*) entrissen, und durch die kriminellen Handlungen der Besatzung und Besiedlung wird seine Fruchtbarkeit verloren, was mit der Vergewaltigung des Landes, der Frau, beschrieben wird, die dadurch ihre gesamte Würde und Ehre verletzt.

---

[207] Der Gegensatz ist ein typisches Stilmittel der koranischen Sprache. Vgl. Haleem, A. 1999: Understanding the Qur'an: themes and style, London.

Der Präsident der Journalisten Union hält zu diesem Anlass eine Rede an das "palästinensische Volk, das heldenhafte", die dramaturgisch aufgebaut ist und sehr pathetisch klingt. Zuerst richtet er seine Grüße an das palästinensische Volk in den "palästinensischen Straßen, in jedem palästinensischen Dorf, in jedem Flüchtlingslager, in jeder Stadt", das teilnimmt am "Aufstand der Massen" (*habb al-ǧamāhīrī)* gegen den "Dämon der Besiedlung" (*ġūl al-istīṭān*), der es auf "die Jahudisierung des palästinensischen Bodens *(tahwīd al-'arḍ),* auf "die Jahudisierung Jerusalems und der Heiligkeiten" (*tahwīd l-quds wa-l-muqaddasāt*) abzielt und "unser ganzes Land zu verschlingen und alle unsere Heiligkeiten zu verschlingen" droht. Es ist der "Aufstand der Massen", der sich von überall dort, wo Palästinenser wohnen (Straßen, Dörfern, Lagern, Städten) zusammensammelt, um gegen das Böse, den Dämon vorzugehen. Die Taten des Dämons werden durch die wiederholte Darstellung betont.[208] Jahudisierung wird als ein "Verschlingen" von Land und Heiligkeiten beschrieben. "Jahudisierung" bezeichnet gängig eine Politik, die in Jerusalem praktiziert wird, durch die das demographische Gleichgewicht zugunsten des jüdischen Bevölkerungsanteils verändert wird.[209] In diesem Fall wird die Konnotation von 'unrechtmäßiger Inbesitznahme' übernommen. Es wird fortgerissen: Jerusalem und das Land (Boden/Erde, landwirtschaftliche Nutzfläche), das Heilige und das Existentielle. Die Politik der Besiedlung und der Besatzung werden zu einem Dämon personifiziert, dessen Gier unersättlich ist und der alles, das Heilige und das Existentielle, Körper und Geist verschlingen will.

---

[208] ein bekanntes Prinzip der arabischen Rhetorik vgl. Khûri, M. 1995: Arabisch für Ausländer (*Al-luġa al-'arabiyya li-l-'aǧānib*), Birzeit, S.80

[209] Dazu zählen Maßnahmen wie Häuserzerstörungen, das Nicht-Ausstellen von Baugenehmigungen und ID-Karten, und ID-Kartenkonfiskation, erhöhte Steuern etc. Ausführliche Informationen sind im ‚Institute of Jerusalem Studies' von Salim Tamari, P.O. Box 54769, Jerusalem sowie der Menschenrechtsorganisation Al-Haq- Law in Service of Man' (haq@baraka.org) und dem Center for Studies of Civil and Social Rights des Orienthauses (orient@jrol.com) erhältlich.

In der "Auflehnung" gegen diesen Dämon gibt der Sprecher den palästinensischen Journalisten eine besondere Bedeutung. Er richtet seine Grüße an all die Journalisten, die ihre "edlen Stifte emporheben". Sie sind die Wächter mit ihren Worten, "Wächter der palästinensischen Erinnerung in der Geschichte". Sie sind diejenigen, die schreiben "mit den Buchstaben des Lichtes für Palästina und seine Heiligkeiten und sein Land" (*min ḥurūfi in-nūrin li-filasṭīn wa muqaddasātihā wa-l-'arḍiha*). Die Journalisten verteidigen die palästinensische Geschichte und "das Land der Großväter und Väter" mit ihren "Stiften und Kameralinsen" durch die aktive Teilnahme am Tag der "palästinensischen Massenauflehnung".

Der Schlussteil ist ein Höhepunkt, der im "palästinensischen Staat" (*dawla filasṭīniyya*) seine Coda findet. Der Darbieter grüßt seine "Brüder mit ihren Stiften" in zehn Städten. Mit denen er "hinter der Führung, unseren Führern und dem Präsidenten **ABU 'UMAR**[210]" in Jerusalem, der "Hauptstadt des palästinensischen Staates" ankommen wird. Denn "die Israelis und Barak müssen lernen, dass Jerusalem auf Ewigkeit die Hauptstadt des palästinensischen Volkes sein wird" (*al-quds satbaqā al-'āṣima ilā-l-'abadīya*). Zum Abschluss wünscht er allen Palästinensern und allen Journalisten alles Gute "so Gott will, im Schutze/ Schatten (*fī ẓill*) des palästinensischen Staates."

Die zehn Städte, aus denen all seine Brüder kommen, sind die acht Städte des A-Gebietes, die acht autonomen Verwaltungsbezirke der Westbank, plus dem Bezirk Gaza und dem besonderen Jerusalem. Jerusalem, die Heilige, steht als Hauptstadt, als ein Symbol für den eigenen Staat. Dieser Staat stellt das Oberziel aller Tätigkeiten dar. Hier fordert der Redner anzukommen, in diesem unabhängigen palästinensischen Staat. Der Staat umfasst die Verwaltungsbezirke und hat eine Hauptstadt, aber umfasst kein bestimmtes Gebiet. Am Ende geht es nicht mehr um Land als ein Stück Erdoberfläche, es geht nur

---

[210] Die übliche Bezeichnung für Yassir ARAFAT.

noch um Machtbefugnis. Aus dieser Perspektive erscheint der palästinensische Boden nicht mehr als eine existentielle Grundlage. Das Land ist nicht landwirtschaftliche Nutzfläche und Baufläche für eine Behausung. Es ist kein konkreter Boden mehr, sondern eine politische Einheit, eine territoriale Begrenzung, die von "Bürgern" und nicht von Menschen bewohnt wird und auf die eine Herrschaft ausgeübt wird.

In dieser Rede ist nichts von einer von einem Journalisten zu erwartenden faktenreichen Nüchternheit zu spüren, vielmehr benutzt der Präsident der Union der Journalisten eine dramatische, bilderreiche Sprache, um diesen Tag zu kommentieren. Diese Form ist einerseits eine "typisch" palästinensische Ausdrucksweise, andererseits ist sie durchaus strategisch manipuliert und propagiert den Landdiskurs in eine bestimmte Richtung.

5.1.7 Der strategische Landdiskurs: Was wird mit dem, was gesagt wird, wirklich *gesagt*?

Folgert man direkt von dem medialen Diskurs auf den palästinensischen Interdiskurs, was nach der Selbstdarstellung des Senders möglich sein sollte, müßte man sagen, dass die Konturen des Landes Palästina verschwinden und von der territorialen Einheit der Nation (*al-waṭan*) überschattet werden. Bezieht man den nicht- sprachlichen Kontext in die Betrachtung mit ein, offenbart sich ein anderes Bild. Denn das was gesagt wird, ist nicht das, was wirklich gesagt wird, ist nicht seine Aussage.

Die Forderung eines palästinensischen Staates konstituiert einen Landdiskurs, der keine Kritik zulässt. Diesen Landdiskurs bezeichne ich als strategischen Landdiskurs, da er aus einer bestimmten Machtposition heraus bewusst formiert wird. Er zeigt sich deutlich im Nachrichten- Diskurs, durchdringt aber auch den Diskurs der Programmebene. Das gesetzte Ziel eines palästinensischen Staates steht über allen anderen Entscheidungen und wird mit dem "nationalen

Projekt" bezeichnet. Alle Anstrengungen basieren auf der Erreichung dieses Ziels, das da heißt "unabhängiger Staat mit der Haupstadt Jerusalem", ohne dass die Bedeutung dieses Ziels weiter reflektiert wird. Die Frage, warum man eigentlich einen unabhängigen Staat braucht, was damit erreicht werden soll, wird nicht und darf nicht thematisiert werden. Deshalb stehen auch die Art und Weise des Aufbaus des Staatswesens, seine Grundwerte oder Grundsätze nicht im Mittelpunkt der Betrachtung. Es mag sein, dass die Diskussion der Grundpfeiler sogar bewusst im Dunkeln gelassen wird, so dass sich ein riesiger Apparat etablieren kann, der auf keinerlei festgeschriebenen Gesetzen, keinem klarem Wertekonzept basiert, sondern der sich entsprechend der Machtverhältnisse und deren Interessen formiert. Das Vernebeln und im Unklaren-lassen der gegenwärtigen Prozesse, wird mit dem noch nicht erreichten Ziel gerechtfertigt. Solange man sich auf dem Weg dorthin befindet, sind alle Mittel zur Erlangung dieses Ziels recht.

Mit der Unterzeichnung des Osloer Abkommens fand ein einschneidendes diskursives Ereignis des Landdiskurses statt. Die Anerkennung Israels wurde mit der Aufgabe des palästinensischen Anspruchs auf ein Land namens Palästina gleichgesetzt. Die Unterzeichnung des Abkommens konnte nur geschehen, da die Formulierung bewusst so gehalten wurde, dass sie vielfältig interpretierbar und dadurch konsensfähig war. Palästina fand keine Erwähnung. Damit mussten keine direkten Vorgaben der Grenzen eines palästinensischen Staatsterritoriums unterzeichnet werden. Völkerrechtlich *de jure* wurde damit jedenfalls ein mögliches Staatsterritorium eines palästinensischen Staates auf die Gebiete Gaza-Streifen und Westbank begrenzt. *De facto* ist das natürlich angesichts des Siedlungsbaus eine Illusion. Das Verschwimmen und spätere Auslöschen der Grenzen Palästinas geschah im strategischen Landdiskurs, der zum einen die realen Machtverhältnisse berücksichtigte und zum anderen unter der Prämisse des Ziels eines unabhängigen, palästinensischen Staates operierte.

Der strategische Landdiskurs ist nicht mit dem Diskurs um Land im Interdiskurs gleichzusetzen. Die "Palestinian Broadcasting Corporation" (PBC) hat sich zur Aufgabe gemacht, diesen strategischen Landdiskurs zu unterstützen und zu verbreiten, und hütet sich davor, den Interdiskurs zum Sprechen zu bringen.

Die Aktion des "Tag der Wut" wurde von einer politischen Elite initiiert. Dabei sollte dieser Tag als ein Tag des Aufruhrs der ganzen Bevölkerung verkauft werden, wovon man sich eine bessere Verhandlungsposition erhoffte. Der "palästinensische Tag der Wut" wurde relativ unerwartet drei Tage vorher auf der Nationalversammlung von Ahmad **Qurri'a**, (Abu 'Ala), dem Präsidenten des "Parlamentes" mit dem Schlagwort: "Kein Friede mit der Besiedlung" verkündetet.

> "Der palästinensische Tag der Wut gegen die Besiedlung wird in allen Stadtvierteln der Westbank und des Gaza Streifens stattfinden, um unsere Stimme der Verweigerung der Besiedlung in der ganzen Welt hörbar zu machen."[211]

Diese Verkündung wurde in den vorangegangenen Reden vorbereitet. So wurde nach der Eröffnungsrede von Yasir **Arafat** in der Rede seines engen Vertrauten Attaib 'Abd **al-Rahim** eine

> "umfassende, populäre, nationale, einmischende Stärkung gegen die besiedelnden Angriffe/ feindseligen Handlungen"

gefordert.[212] Es war eine strategische Entscheidung, das "Volk" miteinzubeziehen, wobei die Art und Weise genau festgelegt wurde. Aus diesem Grund wurden bestimmte, genau die auf der Nationalkonferenz verkündeten Sätze und Phrasen permanent in der öffentlichen Diskussion, in den Massenmedien, Zeitungen, Radio-und Fernsehanstalten wiederholt. Es sollte eine dramatische Aktion werden, weshalb man insgeheim auf eine starke Konfrontation mit

211 Vgl. *Al-'Ayyām* vom 31.5 1999, sowie *Haya Al-Ǧadīda* vom 31.5.1999
212 Vgl. *Al-'Ayyām* vom 31.5.1999, sowie *Haya Al-Ǧadīda* vom 31.5.1999

entsprechenden Verletzten und Toten hoffte. Das zeigt z. B. der Tod von Yusif Abu Sharkh, der ja eigentlich nicht während einer Aktion, sondern am Checkpoint sein Leben verlor, trotzdem wurde er in diesen Rahmen gestellt und als erste Nachricht präsentiert. Auch die Wiederholung des Satzes: "Israel trägt die volle Verantwortung für alles, was bei der Auseinandersetzung passiert", weist in diese Richtung. Dabei wurde darauf geachtet, dass die eigenen Aktionen als "friedliche Massenmärsche" definiert wurden. Das Ereignis sollte dramatisch sein, damit es in der Weltöffentlichkeit berichtet wird, wobei man selber aber als friedlich präsentiert werden wollte. Man erhoffte sich dadurch die eigene Position gegenüber Israel zu verbessern.

Die eigene Bevölkerung sollte eine festgelegte Theaterrolle als "wütende, zu allem bereite Volksmasse" übernehmen, in der sie sich für einen Tag aus der Anonymität ihres alltäglichen Schicksals ins Scheinwerferlicht stellen sollte, um ihr eigenes, tatsächliches Schicksal zu spielen. Daher erklärt sich die gespaltene Stimmung: Einerseits ist es ein Faktum, dass die Besiedlungen, die Landenteignungen und Konfiskationen den palästinensischen Alltag unbemerkt drangsalieren und die darunter Leidenden "wütend" machen. Andererseits fühlen die Menschen genau, dass sie nicht wahrhaftig gefragt werden, sondern eine Rolle für die Politik, für den strategischen Landdiskurs spielen sollen. So wurden im Herbst letzten Jahres, als in Ra`s Al-'Amûd mit dem Siedlungsbau begonnen wurde, die sich spontan organisierte Demonstration, in der sich die "Wut" gegen die Besiedlung ausdrückte, gewaltsam mit dem Hinweis, das würde den FriedensProzess stören, von der palästinensischen Sicherheitspolizei aufgelöst.[213]

Auch die gespielte Musik weist auf die "Inszenierung des Volkes" hin. Normalerweise sind große Teile der Nationallieder verboten, gespielt zu

---

[213] Aus einem Gespräch mit Khaled GHOULI (Mitarbeiter des Media Resource Centers) am 2.Juni 1999

werden. Was heißt verboten, es gibt ja eigentlich keine Zensur? In dem Musikarchiv von *Ṣawt Filasṭīn* sind viele der Nationallieder im Computer mit einem Sternchen versehen. Dieses Sternchen markiert die Lieder, die z.Z. nicht gespielt werden dürfen. Es darf nichts gespielt werden, was gegen den "FriedensProzess" ist. Dazu gehören z.B. die Lieder, die sehr emotional beladen sind, wie die Lieder aus den Zeiten der Intifada oder Erinnerungen an das Leben in Haifa, Jafa oder Akka. Derartige Lieder gibt es viele, und die Auswirkungen solcher Stücke sind enorm. An diesem Tag durften bestimmte Lieder erklingen. So störte es niemanden, dass *Ḥubb wa Salām* den ganzen Tag verschiedene Nationallieder spielte. Und in wurden einige Lieder für diesen Tag freigegeben. Man wollte, dass sich viele beteiligen, was aber nicht überzeugend gelang.

> "Was soll das: Tag der Wut? Ich bin das ganze Jahr, mein ganzes Leben über wütend, guck Dir doch an, was passiert. Jetzt plötzlich sollen die Leute wütend sein, und wenn sie ihre Wut ausdrücken wollen, wird es mit dem Hinweis auf den 'FriedensProzess' verhindert."[214]

In der ausländischen Presse wurde diese nicht all zu rege Beteiligung registriert. Die Crux an der Sache ist jedoch, dass sich nicht so wenige beteiligten, weil sie der Siedlungsbau eigentlich nicht betreffe, sie nicht wütend seien und sie nichts störe, wie es z.B. in Israel gedeutet wurde, sondern, dass die Beteiligung gering, bzw. hauptsächlich aus den Jugendbewegungen der politischen Parteien zusammengesetzt war, weil man sich der Inszenierung seines Schicksals widersetzte. Der ausländische mediale Diskurs hielt sich nicht an die Vorstellungen der Inszenierung. Das Ereignis erwies sich als ein Fehlschlag, nicht nur weil eigentlich nicht darüber berichtet wurde, sondern was berichtet wurde, orientierte sich nicht an den Äußerungsmodalitäten des palästinensischen Diskurses, sondern gestaltete sich nach den eigenen

---

[214] Aus selbigem Gespräch mit Khaled GHOULI

Gesetzmäßigkeiten, die der dominierende Diskurs vorgibt. Hier lassen sich die gefallen Worte von "Wut", "Kampf", "kein Friede" und "Märtyrer" entsprechend bekannter Werte- und Deutungsschemata "framen".

In dem medialen Landdiskurs von *Ṣawt Filasṭīn* kommt der palästinensische Land-Interdiskurs nur selektiv, gefärbt zur Geltung. Die Färbung lässt sich in zwei Dimensionen aufteilen, wobei die eine die andere kontrolliert. Zum einen wird versucht, einen bestimmten strategischen Landdiskurs in den Interdiskurs zu implementieren. Hieraus ergeben sich bestimmte festgesetzte Formulierungen, deren Absolutheitsanspruch mit dem festgelegten Ziel' dem unabhängigen Staat mit der Hauptstadt Jerusalem, untermauert werden. Doch nicht nur das Ziel, auch der Weg steht außer Diskussion: Es ist der Weg des "Friedensprozesses", der Verträge von Oslo. Diese Verträge markieren ein diskursives Ereignis des Landdiskurses, das nicht nur einen machtwirksamen strategischen Landdiskurs ins Leben rief, sondern auch einem immer stärker an Basis gewinnenden Gegendiskurs hervorgerufen hat. Um die eigene Position zu untermauern, werden bestimmte, aus der Vergangenheit transportierte Besitzansprüche negiert und die formulierten Zielvorstellungen als absolut gültig propagiert. Was in gewisser Weise eine Re-interpretation der palästinensischen, oralen Geschichte impliziert. Dabei scheint, dass umso deutlicher sich der eingeschlagene Weg als ein Holzweg herauskristallisiert und damit die propagierten Formulierungen sich als Worthülsen zu entpuppen drohen, diese umso vehementer verteidigt werden und ihre Kritik mit immer stärkerer Radikalität versucht wird zu eliminieren. Bestimmte nicht akzeptable Aussagen sind allerdings so stark im palästinensischen Interdiskurs verankert, dass sie sich nicht eliminieren lassen. Das ist z. B. die ganze Rhetorik und Metaphorik, die mit dem Namen des Landes "Palästina" in Verbindung stehen. Ist dies der Fall, so wird eine andere Methode zur Entschärfung solcher Aussagen vorgenommen. Dies ist die zweite Färbung, die dadurch entsteht, dass die Symbolik des Landes seiner Beziehung zur konkreten Fläche beraubt, einen metaphorisch, abstrakten Landdiskurs konstituiert. Dieser metaphorische Landdiskurs offenbart sich in den Gedichten, Literatur und den Liedern. Traditionell ist der literarische Landdiskurs, also der Landdiskurs von Dichtung, Literatur und den Liedern zutiefst politisch, d.h. mit konkreten Visionen und Forderungen gefüllt. Der strategische Landdiskurs lässt den literarischen Landdiskurs zu, so lange er sich seiner Materie, konkreten Vorstellungen und Ansprüchen entledigt und sich rein abstrakt als ein metaphorischer Landdiskurs zu erkennen gibt. Die Lieder stellen eine Gefahr für den strategischen Landdiskurs dar, was ihr Verbot bestätigt, da die Entschlüsselung ihrer Botschaft all zu leicht konkrete politische Forderungen zu Tage fördert und eine Aussage formulieren kann, die der vorgegebenen Linie zuwiderläuft. Die Methode der Entkonkretisierung der Aussagen zeigt sich auch auf der medialen Ebene der privaten Sender. Im folgenden möchte ich auf den Landdiskurs eines repräsentativen privaten Senders: *Ḥubb wa Salām* ("Liebe und Frieden") näher eingehen.

5.2 Sehnsucht nach "Liebe und Frieden" – *Ḥubb wa Salām* – der erste palästinensische Radiosender

5.2.1 Einleitung

Unmittelbar nach den Osloer Verträgen wurde der Radiosender *Ḥubb wa Salām* ("Liebe und Frieden") eröffnet. Eigentlich ist es das erste palästinensische Radio, das nach der Besetzung im Jahre 1967 von Palästina aus sendet, was von dem staatlichen Konkurrenten ignoriert wird. Die Programmgestaltung des Radios erwies sich als erfolgreich, denn es fand in kürzester Zeit einen unerwartet hohen Zuspruch in der palästinensischen Gesellschaft. Aus diesem Grund wurde es richtungsweisend für die anderen privaten Sender, welche sich zum Leid seiner Kritiker, nicht eine andere Nische mit anderen Schwerpunkten suchten, sondern *Ḥubb wa Salām* imitieren.[215] Die Beliebtheit des Senders steht auch gegenwärtig nicht außer Frage.[216] Der Unterschied zu anderen privaten Sendern besteht vielleicht in der Aufmachung und in der durch die materiellen Möglichkeiten unterschiedlich begrenzten Darstellungsform, nicht aber in der prinzipiellen programmatischen Ausrichtung.[217] Aus diesem Grunde, denke ich, ist ein Blick auf dieses Radio als ein Beispiel für die privaten Sender richtungsweisend für den medialen Landdiskurs.

Im folgenden möchte ich zuerst den nichtsprachlichen Kontext, d.h. sowohl die Umstände der Entstehung und die Leitideen, als auch Aufbau und Organisation des Senders vorstellen. Danach werde ich ich den sprachlichen Kontext des Diskursfragments aus den Sendungen des "Tag der Wut" darlegen und Ergebnisse der Makro- und Mikroanalyse präsentieren.

5.2.2 Die Umstände der Entstehung und die Leitideen des Senders *Ḥubb wa Salām*

Mit den Worten:

> "*fil-bidāya kānat an-nihāya min al-ʿintifāḍa...* Am Anfang war das Ende der Intifada, oder am Ende der Intifada war der Anfang, wo auf eine Weise nach der langen Zeit von Gewalt das Verlangen der Jugendlichen nach einer Orientierung bestand. Das Ziel, welches mit dem Namen: 'Liebe und Frieden' ausgedrückt wird, steht in keinem Zusammenhang mit der Politik; es hat nichts zu tun mit Madrid oder Oslo oder irgend so

---

215 Aus dem Interview mit Daniela KHALAF am 31. 05.1999

216 In der JMCC –Studie haben 7,3% aller Westbank Hörer Hubb wa Salâm als ihren meist gehörten Sender genannt. Vgl. JMCC (1998:10)

217 Aus dem Interview mit Daoud KUTTAB (Direktor des Institute of Modern Media/Chefredakteur von Al-Quds Educational TV) am 19.05.1999

> etwas. 'Liebe und Friede' steht für die Liebe der Leute untereinander, Liebe der Menschen zu sich, Friede mit sich, mit sich selbst. Damit die Menschen ausbrechen aus dem Kreis der Gewalt, der Gewalt in dem wir lebten, besonders wir, die palästinensischen Jugendlichen." [218]

beginnt Mutaz BSEISO seine Darstellung der Entstehung von *Ḥubb wa Salām*. Die Intifada hatte gerade bei den Jugendlichen, zu denen auch BSEISO und seine Freunde zu zählen sind, tiefe Wunden hinterlassen. Anfang 1995, nach der Unterzeichnung der Osloer Verträge, beschlossen er und seine Freunde, von denen keiner ein professioneller Radiojournalist war, einen eigenen Sender zu eröffnen. Die Verhandlungen bezüglich der Sendefrequenzen waren noch nicht abgeschlossen und so wurde der Sender direkt nach seiner Eröffnung von der israelischen Autorität geschlossen. Nach dem Einzug der Autonomiebehörde nach Ramallah konnten sie die Sendetätigkeit wieder aufnehmen. Von Anfang an richtete sich die Programmgestaltung an die Jugendlichen, an BSEISOs eigene Generation. Nach und nach öffneten sich die Programme auch an andere Gesellschaftsschichten. Nicht um den Konflikt, den Krieg und die Politik sollte es in den Programmen gehen, sondern um die palästinensische Gesellschaft, deren Wünsche und Probleme. BSEISO war es wichtig, mit dem Radio der weit verbreiteten Sinnlosigkeit und Resignation aus den langen Jahre des Konfliktes entgegenzutreten und eine Normalisierung der Gesellschaft herbeizuführen. Das könne man nur erreichen, wenn mit den Leuten zusammen gearbeitet würde, und vor allem für Kinder und Jugendliche Möglichkeiten der Selbstdarstellung und –artikulation geschaffen würden.

> "Wir arbeiten mit der Straße, das ist unsere Strategie; wir arbeiten mit dem Gefühl der Straße; wir fühlen mit der Straße, denn wir sind ein Teil der Straße. Es ist leicht uns zu erreichen, unsere Tür ist immer offen, jeder der will, kann zu uns stoßen und mitmachen!"

---

[218] Aus dem Interview mit Mutaz BSEISO (Direktor) am 28. Juni 1999

Dementsprechend wurde, bis auf einige Ausnahmen wie z.B. die Nachrichten,[219] als Sprache nicht das Hocharabische, sondern der palästinensische Dialekt gewählt.

Bseiso hat ein gesellschaftliches Engagement im Auge, wobei er die Politik aus der Radioarbeit heraushalten will. Er definiert sein Radio in einer allgemeinen Darstellung folgendermaßen:

> "Der Sender *Ḥubb wa Salām* ist ein privater Sender, der als ein Mittel dient, sich selbst weit entfernt von jeglicher Politik und Offizialität auszudrücken."[220]

5.2.3 Aufbau und Organisation des Radios

In der Selbstdarstellung[221], wie auch in den beiden Interviews, welche ich mit dem Co-Direktor Ozaina **Abbas** durch geführt habe, wird das gute Abschneiden im Meinungspool einer Studie aus dem Jahre 1998 hervorgehoben. Gegenwärtig ist *Ḥubb wa Salām* nicht mehr so eindeutig an der Spitze, da die Konkurrenz der anderen privaten Sender groß geworden ist.

Abbas und **Bseiso** sind die beiden Hauptverantwortlichen, die die neuen Programme und die allgemeinen Verhaltensdirektiven miteinander besprechen. Insgesamt arbeiten dort 23 Leute in den Bereichen Verwaltung, Programmgestaltung, Design, Technik- und Aufnahme und der Finanzierung. Die meisten Mitarbeiter sind Studenten aus Birzeit und Jerusalem. Dazu kommen besonders im Sommer viele Praktikanten. Der Sender sendet auf 94,2 FM und finanziert sich nur durch Werbung. Er bekommt keine Gelder von außerhalb, was **Bseiso** für wichtig hält, um die Unabhängigkeit zu gewährleisten.

---

[219] Was hauptsächlich aus dem Lesen der Schlagzeilen der Zeitungen besteht.

[220] Zit. nach: Abu Zahra, 'A: 1997: Die privaten Fernseh- und Radiosender: Ein Zustand des Chaos... oder der medialen Vielfalt?! (*Maḥatāt al-talfaza wa-l-radīū al-ḫāṣa: hāla fawḍa ... 'am ta'addud i'lāmī ?!)* in: *Sahāfī*, *April, Nr.1, S.30*

[221] Vgl *Ḥubb wa Salām* (Hg.) 1. März 1999: Wissenswertes über das Radio *Ḥubb wa Salām*, (*Ta'rīf bi-l-*

Den Geschäftsführer habe ich zu den Richtlinien, Aufbau und Organisation des Radios allgemein, und zur speziellen Produktion der Sendungen am "Tag der Wut" befragt. Hier zeigt sich, dass die Nichtpolitik, die von **Bseiso** so beschworen, im Grunde nicht ganz so unpolitisch ist, wie sie auf den ersten Schein wirkt.

> "Die allgemeine Politik [des Senders] hat verschiedene Orientierungspunkte: Der wichtigste, der größte, der grundlegendste ist das Engagement im palästinensischen Nationalprojekt (*'iltizām bi-l-mašrū' il-waṭanī l-filasṭīnī*). Das palästinensische Nationalprojekt ist bedeutend für alle Palästinenser. Dieses kommt von der Organisation zur Befreiung Palästinas [PLO], sie hat den Frieden mit den Israelis gemacht und hat die Autonomieregierung ins Leben gerufen." [222]

Als weitere Orientierungspunkte für die Entwicklung von Programmen und die Auswahl von Ereignissen für eine Reportage oder eine Berichterstattung werden die Menschenrechte und die kulturellen Angelegenheiten, "alles vom Essen bis zu den Liedern" aufgezählt.

> "Wenn jetzt zum Beispiel ein Ereignis in Ramallah oder Birzeit stattfindet, ist unsere erste Frage: hat das mit dem palästinensischen Nationalprojekt zu tun? Es könnte auch eine persönliche Demonstration sein, [dann wird nicht berichtet]. Oder wenn Arafat gerade eine Verhandlung hat, so könnte [eine Berichterstattung über das Ereignis] diese Verhandlungen negativ beeinflussen, das palästinensische Nationalprojekt gefährden, [dann wird auch nicht berichtet]." [223]

Der "Tag der Wut" wurde als ein Ereignis aufgenommen und das Tagesprogramm wurde dementsprechend etwas verändert.

> "Wir erfuhren, dass es ein Tag gegen die Besiedlung sein wird, und alle Palästinenser sind gegen die Siedlungen. Also haben wir darüber berichtet." [224]

'idā'a ṣawt al-ḥubb wa salām) , Ramallah.

[222] Aus dem Interview mit Ozaina **Abbas** (Co-Direktor) am 11.06.1999

[223] Aus dem Interview mit Ozaina **Abbas** am 28.06.1999

[224] Aus dem Interview mit Ozaina **Abbas** am 28.06.1999

Außerdem, so erfuhr ich vom Media Resource Center, wurden den ganzen Tag über palästinensische Nationallieder gespielt, auch solche, die sonst nicht zu hören sind.

5.2.4 Sprachlicher Kontext des Diskursfragments

5.2.4.1 Allgemeiner Programmverlauf

Die vierzig verschiedenen Programme sind – bis auf das tägliche viertelstündige Zeitungslesen – Unterhaltungsprogramme. Das Zeitungslesen besteht aus dem Vorlesen der Überschriften von einer der drei Tageszeitungen. Die anderen Programme sind zum größten Teil Quizprogramme, die mit der Unterstützung von großen Firmen für den Beliebtheitsgrad sorgen. Der Sender muss sich über die Werbung finanzieren, weshalb die geschätzten Hörerzahlen besonders wichtig sind. Es gibt nach der *eigenen* Bezeichnung politische, gesellschaftliche und Unterhaltungsprogramme.[225] Nur drei der vierzig Programme sind politisch, wobei das Programm, in dem die Zeitungsschlagzeilen vorgelesen wird (lesen der Zeitung *Al-Quds*) auch dazu gerechnet wird. Die beiden anderen Programme, bei denen aus der Zeitung gelesen wird ("Morgenrundgang" und "Das Wochenende"), zählen zu den zehn Kulturprogrammen, zu denen auch die englischen-, französischen-, russischen –, sowie, wenn der Friedensprozess wieder vorangetrieben wird auch die hebräischsprachigen Programme – und die ausländischen Musikprogramme gerechnet werden. Vierzehn der Programme sind Unterhaltungsprogramme. Die beiden Sportprogramme tauchen wie das tägliche Frauenprogramm gesondert auf.

Der "Tag der Wut" war ein Donnerstag. Der Ablauf eines normalen Donnerstages, der das allgemeine Format recht gut widerspiegelt, sieht folgendermaßen aus:

---

[225] Vgl. *Ṣawt al-Ḥubb wa Salām:* Regelmäßiges Sommerprogramm 1999 (*Barnāmiǧ ad-dawriyya aṣ-ṣayfiyya).* 10.5.99-30.9.99, Ramallah.

7.00- 7.30	*al-ǧawla aṣ-ṣabāḥiyya*	Morgenrundgang (Vorlesen aus der Zeitung)
9.30-10.30	*Laki sayyidatī*	Für Sie meine Frau (Schönheits- und Verhaltenstips)
11.00-11.30	*al-da'wa li-l-ḫayr*	Aufruf zur Gesundheit (Gesundheitsberatung)
12.00-12.30	*iṯnayn 'alā l-hawā*	Zu zweit live (Phone in)
13.00-13.15	*qirā'a fī ṣaḥīfa Al-Quds*	Lesen der Zeitung Al-Quds
14.00-14.30	*fī-ḏākira filasṭīnī*	Palästinensische Erinnerungen (der *Nakba*[226])
15.00-16.15	*Kulṯūmiyāt*	(Lieder von 'Umm Kalthûm)
17.00-17.30	*'ālam al- 'intīrnīt*	Die Welt des Internet
18.00-19.00	*aš-šāṭir yurbiḥu*	Der Klügste gewinnt
19.30-20.00	*muka''abāt*	Würfel
20.30-21.30	LAINA 'ALÎ	(Name; ein englischsprachiges Programm)
22.00-22.30	*kalimāt al-ḥalāwa*	Schöne Wörter ("Geschwätz und Literatur[227]-Programm)

Der mediale Landdiskurs von *Ḥubb wa Salām* lässt sich in verschiedene mediale Unterebenen aufteilen. Über das Land wird in verschiedenen Bereichen in unterschiedlichen Kontexten gesprochen. Einmal in den

226 Mit Nakba (Unheil, Katastrophe) wird der Krieg, die Flucht und die Vertreibung von 1948 bezeichnet.

227 Eigene Erklärung des Inhaltes des Programmes in der Selbstdarstellung von *Ḥubb wa Salām* (1999).

Berichten und den Programmen, in denen aus der Zeitung vorgelesen wird. Dieser Landdiskurs entspricht dem des Nachrichten-Diskurses. Die andere Ebene wird durch den Programm-Bereich konstituiert, der sich hier aber etwas anders gestaltet als in *Ṣawt Filasṭīn*. Zum einen gibt es keine Ebene für einen religiösen Diskurs. Dafür werden aber zum anderen viel mehr Quiz– und Rätselprogramme gefahren, die ich als die spielerische Diskursebene bezeichnen möchte. Insgesamt sind die Programme, im Gegensatz zu *Ṣawt Filasṭīn,* viel weniger formatbestimmend als die Musikbeiträge, in denen ein eigener Diskurs, der Diskurs der Lieder, geführt wird, der sich auf einer emotionalen Ebene entfaltet. Das Hauptcharakteristikum des Senders ist die große Geschwindigkeit, mit der jedweder Musikwunsch erfüllt werden kann.[228] Das Radio *Ḥubb wa Salām* ist ein Unterhaltungsradio, das neben einer kommerziellen Ausrichtung auch eine aktive gesellschaftliche Rolle für sich in Anspruch nimmt. Demnach müssen sich hier Stränge des Interdiskurses abzeichnen.

5.2.4.2 Warum habe ich dieses Diskursfragment ausgewählt?

Als Diskursfragment habe ich die Sendungen des Sonderprogramms anlässlich des "Tag der Wut" gewählt, das an diesem Tag, am 3.Juni 1999 von 9.30 –10.30 Uhr auf 92,4 **FM** von Ramallah gesendet wurde. Der 'Tag der Wut' war ein mediales diskursives Ereignis zum Siedlungsbau. Obwohl es eigentlich kein besonders wichtiges oder spektakuläres Ereignis war, so wurde ihm doch solch eine Gewichtigkeit beigemessen, dass der Programmverlauf von *Ḥubb wa Salām* dem Ereignis angepasst wurde und man sich den ganzen Tag auf ihn bezog. Ich finde es interessant zu sehen, in welcher Form dieses Ereignis in den medialen Radio-Diskurs eines privaten Senders aufgenommen wurde. Außerdem denke ich, dass sich an diesem Diskursfragment die

---

[228] Aus einem Gespräch mit Khaled GHOULI im Juni 1999.

prinzipiellen Einstellungen, die Beiträge, die der *Ḥubb wa Salām* zum Landdiskurs liefert, gut ersichtlich sind und können damit als ein Beispiel für die anderen privaten Sender gesehen werden.

Am Donnerstag, dem 3. Juni 1999 wurde ein spezielles Programm zum "Tag der Wut" eingefügt. Außerdem wurde über den ganzen Tag die gespielte Musik auf das Ereignis abgestimmt. Ansonsten sah der Tagesverlauf des Programmes wie oben aus.

5.2.5 Die Wortbeiträge des "Tag der Wut" – ein strategischer Landdiskurs[229]

5.2.5.1 Zusammenfassende Darstellung des Sonderprogrammes am Tag der Wut (Makrostruktur)

In dem gewählten Diskursfragment moderiert der Inhaber der Radioanstalt Mutaz **Bseiso** persönlich drei Interviews, die er zum Anlass, dem "Tag der Wut" geführt hat. Die drei Interviews werden erstens mit Marwan **Barghouthi**, einem aus einer wohlhabenden Familie kommenden leitenden Vertreter der "Bewegung zur Befreiung der palästinensischen Nation" (Fatah) und Parlamentsmitglied, zweitens mit Salih **Ghafat**, einem leitenden Vertreter der "Palästinensischen Demokratischen Union" (FIDA), der Partei, die sich von der "demokratischen Front zur Befreiung Palästinas" (DFLP) durch die Anerkennung der Osloer Verträge abgespalten hat, und drittens mit Khadar **Al-'Alam**, dem Direktor des "Komitees zur Verteidigung des palästinensischen Landes" geführt. In den Interviews wird den Befragten Raum zur Meinungsäußerung über den "Tag der Wut" gegeben. Das Diskursfragment gliedert sich demnach in Anmoderation und die verschiedenen Interviews. Alle Wortbeiträge sind durch musikalische Einlagen voneinander getrennt, oder vielmehr sind die Wortbeiträge

[229] Vgl. Übersetzung der Transkription des Diskursfragments im Anhang II (2) S.vi-xi

kurze Episoden, die die musikalischen Darbietungen unterbrechen, welche sich an diesem Tag vor allem aus verschiedenen Heimat- und Nationalliedern zusammensetzten.

5.2.5.2 Die Mikroanalyse der Wortbeiträge

In den Wortbeiträgen offenbart sich ein Landdiskurs, der nicht von dem in *Ṣawt Filasṭīn* beobachteten strategischen Landdiskurs abweicht. Dies zeigt sich deutlich sowohl in der Moderation als auch in den Interviews. Es wird eine ähnliche Sprache mit gleicher Wortwahl wie im Morgenmagazin von *awt Filastîn* verwendet, wobei ich hier auf andere Aspekte eingehen möchte.

Die Anmoderation

Mutaz **Bseiso** beginnt mit der Berichterstattung über die Entscheidung der Nationalkonferenz, die drei Tage vorher den "Tag der Wut" am Donnerstag, den 3. Juni ankündigte, um dem Siedlungsbau entgegenzutreten. Nach jedem Satz seiner schlaglichterartigen Anmoderation werden einige Musiktakte eingespielt. Diese Musik von Marcel **Khalifeh** ist sehr bekannt, so dass der Erkennungseffekt bereits nach den wenigen Takten eintritt. Das Lied ist die Vertonung eines bekannten Gedichtes des palästinensischen Dichters Mahmud **Darwish**. Weiterhin wird der Treffpunkt und die Uhrzeit der geplanten Versammlung in Ramallah und ihr Marsch nach Dayr QaddÐs angekündigt. Das Schlagwort der Anmoderation ist: Kein Friede mit der Besiedlung.

Die Sprache ist nicht die des offiziellen Hocharabisch, sondern eine gehobenere Form des palästinensischen Dialektes. Er spricht sehr schnell und salopp, weshalb er sich auch verspricht. Der Rhythmus wird durch die Musikeinspielung vorgegeben. Dieser Stil entspricht dem Anspruch des Senders, kein offizielles Organ zu sein, sondern vielmehr eine Stimme des Volkes zu repräsentieren. Auch wenn die Sprache nicht die offizielle Sprache ist, so kommt in ihrer Wortwahl und Ausdrucksform doch eine klare Linie zum Vorschein, welche die Einreihung in den offiziellen Diskurs ermöglicht und die prinzipielle Anerkennung der existierenden Machtverhältnisse offenbart. Dies zeigen die in dem gesamten Diskursfragment verwendeten Kollektivsymbole sowie die benutzen Begriffe zur Bezeichnung des Landes.

In der Anmoderation tauchen drei Ortsnamen auf: zum einen "Ramallah und Bireh", was die offizielle Bezeichnung für die Stadt Ramallah und den sie umgebenden Bezirk ist. Dort in "Ramallah/ Bireh" ist der Sitz von vierzehn Ministern und fünfzehn weiteren PNA Büros, der Sitz der parlamentarischen Vertretung und ihrer Büros, sowie der Stadt- und Bezirksverwaltung. Zum anderen wird das Dorf *Dayr Qaddīs* genannt, das von offizieller Seite für die Bewohner von Ramallah/ Bireh zum Demonstrationsort erkoren wurde. Die Anmoderation ist ein Appell, in dem die Bewohner aus den verschiedenen Orten eine Anweisung erhalten, wo sie wann hingehen sollen. So sollen diejenigen aus Ramallah und Bireh und den "östlichen Dörfern dieses Bezirkes" zuerst in das Zentrum der Stadt Ramallah gehen, während die aus den "nördlichen und westlichen Dörfern" und dem "Süden des Bezirkes" sich direkt nach Dayr QaddÐs aufmachen sollen.

Zwei weitere hier verwendete realräumliche Kategorien sind Bezeichnungen von Häuserformationen, durch deren Erscheinungsbild man auf die Bewohner schließen kann: die Flüchtlingslager und die Siedlungen.

Das Wort "Flüchtlingslager" ist im palästinensischen Kontext mit hohem Bedeutungsgehalt gefüllt. Das Wort "*muḫayyam*" heißt eigentlich soviel wie Zeltlager. Es hat ursprünglich eine äußerst positive Konnotation im Sinne des dazugehörigen Verbs mit den Bedeutungen von verweilen, ruhen, sich niederlassen, Zelt aufschlagen, die aus dem Beduinenleben herrühren. Diese Bedeutung hat das Wort jedoch verloren. Inzwischen wird es unmittelbar mit der Nakba, dem Namen für das Jahr 1948 und der Vertreibung tausender Palästinenser in Verbindung gebracht. Das Lager ist somit auf der einen Seite das Symbol für die Vertreibung, für die Zerstörung der Lebensgrundlage, andererseits ging ein Großteil der Aktionen des palästinensischen Widerstandes von den Lagern aus, der nach den beiden Niederlagen zu einem palästinensischen/nationalen Selbstbewusstsein verholfen hat. Das Lager steht somit für das Palästinensische *per se*. In diesem Sinne stellt es eines der Kollektivsymbole dar. Der gegenwärtige politische Diskurs erhofft sich durch stilles Verschweigen der inzwischen in Betonkästen materialisierten Ansprüche aus dem Verantwortungsbereich zu ziehen. Die Konnotationen des Wortes verändern sich in dem Maße, in dem die Ansprüche auf eine Rückkehr mehr und mehr als ungerechtfertigt und unrealistisch abgetan werden. Das Wort fungiert dann einfach nur als eine Ortsbezeichnung bestimmter Gegenden. In diesem Sinne benutzt ihn **Bseisio**, um den dortigen Bewohnern die Anweisung zu geben, wann sie und wo am "Tag der Wut" auftreten sollen.

Der zweite realräumliche Begriff, der eine bestimmte Häuserformation evoziert, ist "die Siedlung". Für die Betrachtung dieses Leitbegriffs möchte ich die Interviews im Diskursfragment mit einbeziehen.

Israelische Siedlungen (*mustawṭan*) und der palästinensische Boden (*al-'arḍ*)

Im palästinensischen Dialekt finden zwei Worte Verwendung, die auch in den Interviews benutzt werden: einmal die Siedlung (*mustawṭan*) und zum anderen der Prozess, das Besiedeln (*istīṭān*). Der erste bezeichnet eine bestimmte Häusergruppe, einen Ort, während der zweite eine Politik, eine Kriegsführung benennt. "Kein Friede mit der Besiedlung" (*istīṭān*). Das Besiedeln ist gleichzusetzen mit "bekriegen". Ihm muss man entgegentreten, (*muwāğaha al-istīṭān*), Widerstand dagegen leisten (*muqāwam al-istīṭān*). Deswegen taucht der Begriff häufig in Kombination mit Konfrontation und Widerstand auf, und es kann ihm in einem nationalen Feldzug (*ḥamlah waṭanīya*) entgegengetreten werden. Das Besiedeln (*istīṭān*) ist der Prozess, bei dem die Palästinenser unmittelbar ihre "Nicht-Existenz"[230] zu spüren bekommen. Der tagtägliche Siedlungsbau, der "israelische Dämon der Besiedlung" (*ġūl al-istīṭān)* arbeitet in äußerster Stille. Seine Allgegenwärtigkeit und die Machtlosigkeit gegenüber dieser realräumlichen Veränderung zeigt sich im Diskurs darin, dass die Siedlungen immer als "Siedlungen" bezeichnet werden, aber mit keinem speziellen Namen benannt werden. Sie sind überall, keine hat einen speziellen Namen oder eine Verortung.[231] Der Gegenbegriff zum israelischen Besiedeln ist der palästinensische Boden (*al-'arḍ al-filasṭīnī*), die palästinensischen Ländereien (*al-'arāḍ al-filasṭīniyya*). Der Krieg des Besiedelns wird durch Bodenraub (*nahb al-'arḍ*), Diebstahl der Ländereien (*salb al-'arāḍ*) und Landkonfiskationen (*musādira al-'arāḍ*) geführt. Die Bagger (*ǧarrāfāt*) sind seine Waffen. Das Wort *al-'arḍ* bezeichnet die Erde, den Boden und das Land und ist sehr bedeutungsbeladen. Es steht in unmittelbarer Verbindung zur Landwirtschaft und zum bäuerlichen Leben. Durch die *Nakba* fand der Begriff *al-'arḍ* als das Verlorene Eintritt in den palästinensischen Diskurs. Es ist ein vor-staatlicher Begriff. Das Ausmaß des Verlustes findet in der qualitativen Bewertung der Tat, als Raub, Diebstahl, Vergewaltigung, nicht aber in einer quantitativen Steigerung in der Erhöhung des Ausmaßes einer lokalisierten Fläche ihren Ausdruck. Dadurch wird die Dimension des Verlustes und der Zerstörung auch ohne Kenntnis von exakten Zahlen innerpalästinensisch konserviert und an nachfolgende Generationen

---

[230] Ähnlich der Häuserzerstörung, die sich insofern unterscheidet, das nicht von einer Existenzlosigkeit ausgegangen wird, sondern von einer Existenz, die jedoch keine Existenzberechtigung hat und damit zerstört werden muß. (Vgl. ARIJ (Hg.) Sept. 1997: Behind the Policy of House Demolition: Why Here and now? Auf: http://www.arij.org

[231] Die einzige Siedlung, welche im Zusammenhang mit Jerusalem genannt wird, ist die Siedlung Ma'le Adumim, die mit ihrer enormen Größe (größer als Tel Aviv) und ihrer besonderen Bedeutung hinsichtlich der Veränderung der Stadt Jerusalem einen eigenen Namen benötigt.

weiter gegeben. Ein äußerer Betrachter hingegen wird mit dieser emotional belegten Beschreibung nicht informiert. Er erwartet Zahlen, Daten und Flächenangaben aus klaren Statistiken, um das Ausmaß zu erfassen. Eine direkte Übertragung der palästinensischen Aussagen in einen anderen Diskurs hat somit nicht immer den Effekt, die sich ereignenden oder ereigneten "Bilder" sichtbar zu machen.

Palästina – Vom Substantiv über Oslo zum Adjektiv der Nation

Auffallend ist, dass in dem Diskursfragment der Name des Landes Palästina nur einmal als Substantiv in "die Geschichte Palästinas, die Geschichte der Besatzung" Erwähnung findet. Dementsprechend öfters findet es als Adjektiv Verwendung: palästinensisches Land, palästinensische Ländereien, palästinensische Straßen, palästinensisches Volk, palästinensiche Stimme, palästinensischer Ruf, palästinensische Führung, palästinensischer "Tag der Wut". Dabei bezeichnet das Adjektiv keinen Ort, sondern bezieht sich auf die Menschen, die Palästinenser. Auch die palästinensischen Ländereien sind nicht lokalisiert (s.o.), sondern wie die "palästinensischen Straßen" auf die Besitzer des Landes oder Bewohner der Städte der Straßen bezogen. Palästinensisch ist hier also eine Volksbezeichnung, keine territoriale Einheit. In diesem Sinne ist auch die Geschichte Palästinas als die Geschichte des palästinensischen Volkes und nicht etwa die des Stück Landes zu verstehen, obwohl die nationale Identität erst so jung ist. Auch in den Bezeichnungen der politischen Parteien wurde aus dem ehemaligen Substantiv[232], welches ein Hauptziel – nämlich die "Befreiung Palästina (*taḥrīr al-filasṭīn*)" offenbarte – in der "Nationalen palästinensischen Autonomiebehörde (*aṣ-ṣulta al-waṭaniyya al-filasṭiniyya*)" ein wohlklingendes Adjektiv. Das Substantiv Palästina verlor im Einklang

[232] In der Organisation zur Befreiung Palästinas (PLO), der Popularen Front zur Befreiung Palästinas (PFLP), der Demokratischen Front zur Befreiung Palästinas (DFLP) und der Front zur Befreiung Palästinas (PLF).

mit den Osloer Verträgen, in denen es wohl palästinensische Gebiete, nicht aber ein Land Palästina gibt, an Konturen. Deswegen spreche ich vom strategischen Landdiskurs, der ein strategisches Ziel verfolgt. Es ist derselbe Diskurs, der sich auch in *Ṣawt Filasṭīn* gezeigt hat. Ein anderer Begriff taucht in diesem Zusammenhang auf: *al-waṭan*, mit der Bedeutung von Nation, Vaterland, Heimat. Gegenwärtig bekommt dieser Begriff Konturen, denn er wird konkretisiert und im Realraum implementiert. Dabei verfolgt die Implementierung eine Strategie, in der man zuerst den Staat auch ohne Territorium mit dem Vertrauen auf die Zukunft errichtet: Die "palästinensische Nation" umfaßt den Herrschaftsbereich der PNA. Er umfasst die Bezirke (*muḥafiẓāt al-waṭan*), die Verwaltungsstädte (Ramallah/Bireh, Jericho, Jenin, Tulkaram, Kalkilia, Nablus, Bethlehem und Hebron), so wie den Gazastreifen. Seine Grenzen sind die Grenzen der Bezirke, die kaum eine Fläche umfassen und deswegen lieber nicht benannt werden. Es gibt ein grenzenloses waṭan, und keine A-Gebiete (*al-mintaqa ālif*). Nation, Heimat (*waṭan)* bezeichnet zwar ein Land, welches jedoch nicht durch seine Materialität, den Boden charakterisiert wird, sondern durch seine Zugehörigkeit zu einem Volk. *Waṭan* ist dort, wo sich ein Volk Zuhause fühlt, was nicht zwangsläufig große Ländereien umfassen muss. Es scheint, dass aufgrund der Entmaterialisierung und seiner Unbestimmtheit - alle Völker haben ein '*waṭan*'- leichter handhabbar ist, als das nur einmal an einem bestimmten Ort existierende Palästina.

Die Auswahl der Interviewpartner bestätigt die Behauptung, dass hier nur Stimmen zu Wort kommen, die den strategischen Landdiskurs propagieren. Es sind alles drei Personen aus dem öffentlichen Bereich, die eine angesehene Machtposition inne haben. Alle drei sind Vertreter des offiziellen Landdiskurs. Die Art der Programmgestaltung und der Moderation, gibt deutlich zu erkennen, dass von Seiten *Ḥubb wa Salām* war keine all zu starke Involvierung in das Machtgerangel propagiert wird, jedoch die jeweils hervorgetretenen Machtverhältnisse nicht angezweifelt werden.

Wo ist nun dieses Land Palästina? Diese Frage wird vom Interdiskurs, von dem sozialen Wissensvorrat und Erfahrungen ziemlich eindeutig beantwortet und hat sich in der "mündlichen Geschichte"(*ta'rīḫ šafawī*) bewahrt.[233] Auch wenn sich Erfahrungen vor 51 Jahren ereignet haben, so sind sie im Lichte der ständigen Repressionen über alle Hindernisse hinweg bis in die jüngste Generation weitertransportiert worden, so dass die Ansprüche sich nicht dem Recht des Stärkeren unterwerfen. Angesichts der realen Machtverhältnisse des Konfliktes haben einige den politischen Entschluss gefasst, die geschaffenen Tatsachen als irreversibel hinzunehmen und die Gebietsansprüche, in der Hoffnung der Verbesserung der palästinensischen Situation, strategisch auf eine politisch aussichtsreichere Dimension zu verringern. Diese Entscheidung hat sich als ein diskursives Ereignis in den Osloer Verträgen materialisiert. An diesem Punkt scheiden sich die Landdiskursstränge, wobei der Gegendiskurs auf Grund der innerpolitischen Machtverhältnisse nicht in den Medien präsent ist. Nur über die Musik findet er einen Eingang auf die mediale Diskursebene. Da sich die Dekodierung der Lieder nicht festschreiben lässt und sie sich auf Grund ihrer Beliebtheit nicht erodieren lassen, stehen sie der Totalisierung der Politik entgegen.

5.2.6 Landbegriffe in der Musik: der künstlerische/ emotionale Landdiskurs

Natürlich orientiert sich, einem Unterhaltungs- Radios entsprechend, ein Großteil der gespielten Musik an den Weltschlagern und den arabischen Poptrends. Deren Landbegriffe haben dementsprechend einfachen Unterhaltungswert. Anders ist es mit der Vielzahl von Gedichten, die

[233] Aus dem Interview mit Hamîd QÂDÛS (Journalist bei PBC) am 29.06.1999

auch in großen Mengen vertont oder direkt als Lieder bekannt wurden. Diese sind besonders gehaltvoll und bedeutungsrelevant. Hier findet ein Landdiskurs statt, den ich als den emotionalen Landdiskurs bezeichnen möchte.

Während der Taxifahrt zum Dorf *Dayr Qaddīs* am "Tag der Wut" hörten wir den Radio Sender *Ḥubb wa Salām*. Man sagte uns, dieser Sender würde heute den ganzen Tag nationale Lieder, Heimatlieder (*'urniyya al-waṭaniyya*) spielen. Diese Lieder haben eine besondere Bedeutung in einem besetzten Land. So werden nur ein paar Takte von einem der Lieder gespielt, und jedes kleine Kind beginnt den Text mitzusingen. Ich kann hier nur eine vage Idee der Kollektivsymbolik in der Musik formulieren, die nicht systematisch untersucht ist, wie es Lily KONG vorschlägt[234], sondern nur aufzeigen soll, dass in der palästinensischen Volksmusik viele Bedeutungen verborgen liegen.[235]

Ein Stück aus dem Diskursfragment:

Ya waṭanī (Oh, meine Heimat!) von Mecel Khalifeh[236]

Wahrlich, ich habe Dich auserwählt, oh, meine Heimat, in Liebe und vollem Bewußtsein, Wahrlich, ich habe Dich auserwählt, oh, meine Heimat, *im geheimen und öffentlich,* Wahrlich, ich habe Dich auserwählt, oh,	Instrumentalteil (Stimmungswechsel) Immer Grün gefärbt, oh, mein Herz Und wenn in meinen beiden Augen deutlich das Leid/Trauer erkennbar ist *Und wenn in meinen beiden Augen deutlich das Leid/Trauer erkennbar ist*

234 Vgl. Kong, L. 1995: Popular Music in geographical analyses, in: *Progress in Human geography, 19, 2, S.183- 198*

235 Vgl. auch Smith, S. 1994: Soundscape, in: *Area, Vol.26, No.3, S.232-240*

236 Die Übersetzung von arabischen Gedichten erweist sich als äußerst schwierig, da viel vom Stil, vom Rhythmus und Klang nicht direkt übersetzt werden können, und eigene dichterische Fähigkeiten fordern würde. Trotzdem möchte ich hier den Text des Liedes aus dem Diskursfragment in Übersetzung wiedergeben.

<table>
<tr><td>meine Heimat,
in Liebe und vollem Bewußtsein,
Wahrlich, ich habe Dich auserwählt, oh, meine Heimat,
im geheimen und öffentlich,</td><td>
Immer Revolte, oh mein Herz
Und wenn mein Morgen als Abend beginnt,
Und wenn mein Morgen als Abend beginnt,</td></tr>
<tr><td>Wahrlich, ich habe Dich auserwählt, oh, meine Heimat,
auch wenn meine Zeit mich verleugnet,
solange Du nicht aufhörst Dich an mich zu erinnern

oh, meine Heimat, wunderbare Heimat
oh, meine Heimat, wunderbare Heimat

oh, meine Heimat, wunderbare Heimat
oh, meine Heimat, wunderbare Heimat</td><td>Ich kam in der Zeit des Schmerzes
Ich kam in stärkster Erschöpfung
Ich kam in der Zeit des Schmerzes
Ich kam in stärkster Erschöpfung

Die Waffen der Gewalt und der Wut
Und der Wut

Die Waffen der Gewalt und der Wut
Und der Wut

Und der Wut, und der Wut, und der Wut
Und der Wut,

Und der Wut, und der Wut, und der Wut
Und der Wut,</td></tr>
<tr><td>Wahrlich, ich habe Dich auserwählt, oh, meine Heimat,
in Liebe und vollem Bewusstsein,
Wahrlich, ich habe Dich auserwählt, oh, meine Heimat,
im geheimen und öffentlich,

Wahrlich, ich habe Dich auserwählt, oh, meine Heimat,
in Liebe und vollem Bewusstsein,
Wahrlich, ich habe Dich auserwählt, oh, meine Heimat,
im geheimen und öffentlich,</td><td>Instrumentalteil (Stimmungswechsel)

Immer Grün gefärbt, oh, mein Herz
Und wenn in meinen beiden Augen deutlich das Leid/Trauer erkennbar ist
Und wenn in meinen beiden Augen deutlich das Leid/Trauer erkennbar ist

Immer Revolte, oh mein Herz
Und wenn mein Morgen als Abend beginnt,
Und wenn mein Morgen als Abend beginnt,</td></tr>
<tr><td>Wahrlich, ich habe Dich auserwählt, oh,</td><td>Ich kam in der Zeit des Schmerzes</td></tr>
</table>

<table>
<tr>
<td>meine Heimat,
auch wenn meine Zeit mich verleugnet,
solange Du nicht aufhörst Dich an mich zu erinnern

oh, meine Heimat, wunderbare Heimat
oh, meine Heimat, wunderbare Heimat

oh, meine Heimat, meine wunderbare Heimat
oh, meine Heimat, wunderbare Heimat</td>
<td>Ich kam in stärkster Erschöpfung
Ich kam in der Zeit des Schmerzes
Ich kam in stärkster Erschöpfung

Die Waffen der Gewalt und der Wut
Und der Wut

Die Waffen der Gewalt und der Wut
Und der Wut

Und der Wut, und der Wut, und der Wut
Und der Wut,

Und der Wut, und der Wut, und der Wut
Und der Wut,</td>
</tr>
</table>

Die Heimat, das Vaterland (*al-waṭan*) wird gleich einem Liebhaber freiwillig mit "Liebe und in vollem Bewusstsein" ausgesucht. Sie ist es, die dem Nichtsein des Lyrischen-Ichs, seiner verleugneten Existenz eine Bedeutung entgegenstellt: Solange sie existiert, macht es nichts, wenn das Lyrische-Ich in Bedeutungslosigkeit lebt und stirbt und wenn ihm keine Chance, ein menschenwürdiges Leben zu leben, gegeben wird, ("Wenn mein Morgen als Abend beginnt"). Sie ist es, die immer grünende, für die es sich trotz Schmerz und Leid zu kämpfen lohnt.

Auffallend ist, dass der Inhalt des Liedtextes und die Stimmung der Melodie sehr unterschiedlich sind. Während die Worte traurig und dramatisch sind, so ist die Melodie erfüllt von einer Freude und einer Vitalität, die sich durch das ganze Stück zieht. Selbst die Klimax der Worte am Schluss des Stückes wird musikalisch nicht dramatisch aufgebaut, sondern von pfeifenden Flöten begleitet. Sie versetzt den Hörer trotz der traurigen, enttäuschten und wütenden Worte in einen vergnüglichen Zustand. Die Fröhlichkeit der Melodie lässt den Alltag vergessen und schafft eine Atmosphäre, die durch den Inhalt der Worte nicht als eine Verleugnung des Schmerzes der Realität, sondern als Vision präsentiert wird. Sie ist erfüllt mit einer Dynamik, mit vielen gemeinschaftlichen Erinnerungen und schafft das Gefühl von Zusammengehörigkeit und Geborgenheit, wodurch der Raum, in dem solche Melodien erklingen zu einem bell HOOKSchen "homeplace", zu einer Heimat wird.

> "The musical event ... evokes and organises collective memories and presents experiences of a place with an intensity, power and simplicity unmatched by any other social activity." [237]

Die Lieder sind von und für Palästinenser geschrieben, die das Leid und sein Ausmaß jeden Tag an ihrem eigenen Körper spüren und somit keiner Erklärung dessen bedürfen. Es sind nur Quintessenzen, die in den Texten formuliert sind und für einen Außenstehenden nicht direkt zugänglich sind. Der Code der Lieder konstituiert eine Grenze, die, sobald sie erklingen, die Dazugehörigen der "Leidensgemeinschaft" von den Außenstehenden trennt.

> "[M]usic is socially meaningful, not entirely but largely because it provides means by which people recognise identities and places, and the boundaries which separate them."[238]

Die in den Liedern geäußerten Worte lassen sich nicht als unwirksame Phantasien abtun, die keinen Effekt auf die soziale Wirklichkeitskonstruktion ausüben. Vielmehr werden in und durch die Lieder Aussagen formuliert, die sich auf Grund der bestehenden Kräfteverhältnisse nur dort zu artikulieren wissen und – im Gegensatz zu dem was LINK behauptet – "fundamental von der prä-existenten Realität in-formiert"[239] sind. Sie konstituieren eine Vorgabe für die Realität, die sich jedoch nicht in der Realität zeigt. Die Lieder stellen einen codierten Erfahrungsvorrat bereit, aus dem der palästinensische Diskurs seine

---

[237] Stokes, M. 1994: Ethnicity, Identity and Music. The Musical Construction of Place, Oxford, S.3

[238] Stokes (1994:5)

[239] LINK behauptet, "der künstlerische Diskurs wird fundamental nicht von einer präexistenten Realität in- formiert, sondern umgekehrt ist der künstlerische Diskurs der subjektiven Realität präexistent und in-formiert sie." Vgl. Link in: Jäger (1993:168)

Aussagen schöpft, wodurch er einen Gegendiskurs formieren kann, der bedeutend ist für die Konstruktion der palästinensischen sozialen Wirklichkeit:

> "Music and Dance, as all of the contributors stress, do not simply 'reflect'. Rather, they provide the means by which the hierarchies of place are negotiated and transformed."[240]

Die am "Tag der Wut" gespielten Lieder gehören nicht zu dem gängigen Reportoire des Senders *Ḥubb wa Salām,* da sie natürlich hochgradig politisch sind. An diesem Tag waren sie offiziell zugelassen: sie sollten durch ihre emotionale Wirksamkeit die Menschen in die Stimmung der Intifada versetzen, und zu einer gemeinsamen Aktion aufrufen, worauf sich jedoch kaum einer eingelassen hat.

5.2.7 Landbegriffe als Kreuzworträtsel oder in Sprichwörtern: der spielerische Landdiskurs

Der mediale Landdiskurs hat neben der strategischen und emotionalen Ebene noch eine Dimension, die ich als die spielerische bezeichne. Dieser ist aus meinem Diskursfragment nicht ersichtlich, jedoch zeigt er sich tagtäglich im Programm. Er lässt sich in dem großen Bereich der Unterhaltung zuordnen, die die renommierten Radiojournalisten Daniala **Khalaf** und Khaled **Ghouli** als 'bequemliches, beschauliches Entertainment' *(farfaša)* charakterisieren. Es ist eine Form des Entertainments, das auf verschiedenen Gewinnspielen basiert. Dabei müssen z.B. Sprichwörter erraten, Daten und Zahlen gewußt, und Lieder oder Musiker erkannt werden, ein Wort muss ersetzt, oder ein Synonym gefunden, Gedichte vervollständigt und Sätze ergänzt werden. Dies geschieht in Konkurrenz zu anderen Hörern, wobei der Gewinner mit einer Prämie beglückt wird. Natürlich tauchen hier auch Landbegriffe auf, die den Denotationen und Konnotationen, dem kulturellen Wissen entsprechend, erraten werden müssen. Die Aussage, die aus diesen

Spielen zu vernehmen ist, ist die von Spiel und Spaß. So taucht hier natürlich das Wort Palästina auf. Es ist allerdings seiner soziopolitischen Bedeutung entkleidet, und dient lediglich der ersehnten Preisverleihung. So meint Khaled **Ghouli** zynisch:

> "Palästina?! Ja, Palästina, das gibt es jetzt [nur noch] als Prämie: Prämie Palästina!! (*ǧawa'iz filasṭīn)*"

5.2.8 Der mediale Landdiskurs von *Ḥubb wa Salām* (Zusammenfassung)

Betrachtet man den von *Ḥubb wa Salām* weitervermittelten Landdiskurs, so wird deutlich, dass der Sender in dem gegenwärtigen politischen Klima keine Stellung zu beziehen versucht. Im strategischen Landdiskurs zeigt sich die Akzeptanz der politischen Vorgaben. Der emotionale Landdiskurs umfaßt ein weites Feld, welches ich nicht erschöpfend untersuchen kann, der aber auch in seinen Grenzen gehalten wird. Nur im spielerischen Landdiskurs gibt es aufgrund der Unbedeutsamkeit keine Einschränkungen. Wo ist Palästina? Es ist nicht zufällig, dass Palästina nicht verortet wird, dass es von einem Substantiv entweder zu einem Adjektiv reduziert (im strategischen Landdiskurs), zu einer Metapher transformiert oder in einer Allegorie personifiziert (im emotionalen Landdiskurs) wird oder als ein Rätsel (im spielerischen Landdiskurs) zu lösen ist.

Auch wenn *Ḥubb wa Salām* kein Staatssender ist, so bietet er jedoch durch den Versuch einer politischen Enthaltung kein Forum für eine breite Diskussion. Der Landdiskurs ist politisch brisant. Deswegen meidet es dieser private Sender, auch den Gegendiskurs zuzulassen. Konkret über das Land Palästinas zu diskutieren ist ein Tabu.

> "... Und somit gibt es zwischen uns und dem Radio Palästina, welches im Wesen den Staat repräsentiert, keine Konflikte/ Widersprüche. Wir sind ein lokales Radio und repräsentieren einen Teil der Gesellschaft. Wir wollen alle im Vergnügen

---

[240] Stokes (1994:4)

> handeln ohne Einmischung und ohne Konflikt /Widerspruch. Es ist möglich, dass es dort [zwischen uns] einen künstlerischen Wettbewerb gibt, aber natürlich nur im Sinne einer Verbesserung der medialen und künstlerischen Leistung des Radios."[241]

Das Land ist in einem Kampfgebiet um das Land *per se* politisch und in der gegenwärtigen Situation ein äußerst brisantes politisches Thema. Die Frage nach den Grenzen Palästinas entpuppt sich als Gretchen-Frage, die im medialen Landdiskurs des Radios *Ḥubb wa Salām* tunlichst offen gehalten wird.

In einem Land, dessen Alltag von Abriegelungen, Hauszerstörungen und Enteignungen gezeichnet ist, in einem Land, das sich mitten in einem Nation-building Prozess befindet, bedeutet der Versuch einer politischen Enthaltung eines der beliebtesten Radiosenders, schließlich eines Massenmediums, die Akzeptanz der gegebenen Kräfteverhältnisse. So zeigt sich, dass die Aussage des Landdiskurses von *Ḥubb wa Salām* dieselbe ist, wie die von *Ṣawt Filasṭīn* auch wenn sie anders aussieht. Die Aussage wiederholt sich, obwohl sie ganz anders ist, ist sie "ihr seltsamerweise ähnlich und quasi mit ihr identisch."[242]

6 Von den medialen Aussagen zum gesamtgesellschaftlichen Diskurs

6.1 Starrheit von Tradition, Rolle und Selbstverständnis des Journalisten

Jeder mediale Diskurs unterliegt bestimmten Produktionsbedingungen, durch die die Formation der Streuung seiner Aussagen nicht der Formation der Streuung der Aussagen des gesamtgesellschaftlichen Diskurses entspricht. Beide sind sich aber doch in spezifischer Form

---

[241] Mutaz Bseiso, zit. nach Abu Zahra (1997:30)

ähnlich, weshalb ich oben von einer verzerrten diskursiven Formation spreche. Auf Grund der Ähnlichkeit lässt sich die mediale diskursive Formation als einen Indikator für den Interdiskurs wählen, wenn einem die Mechanismen der Verzerrung bekannt sind. Diese Mechanismen sind in starkem Maße abhängig von dem Selbstverständnis der Journalisten, die die "Bilder" zu Aussagen transformieren oder auch selbst Aussagen formulieren.

Der lokale Nachrichten-Diskurs in Palästina ist in einer starken Tradition verwurzelt, die aus der Besatzungszeit gewachsen und von der arabischen Nachrichtenproduktion geprägt ist. Die von außen auferlegte Zensur als auch die innere autoritäre Struktur haben dazu geführt, dass der Nachrichtendiskurs eine spezifische Form annahm, der dem allgemeinen arabischen Nachrichtendiskurs, der in den meisten arabischen Ländern einer Zensur unterworfen ist, entsprach.[243] In den meisten arabischen Ländern haben die Medien primär keine informierende Funktion.

> "It is not unfair to say that both radio and television in the Arab world are believed by consumers to be primarily for entertainment."[244]

Denn die Informationen, die verbreitet werden, sind politische Standpunkte der Herrschaftselite und ihre Propaganda. In Palästina existiert eine besondere Situation, da es bis vor kurzem keine Herrschaftselite gab. Der Befreiungskampf ging zum großen Teil aus den Lagern, vom Volke aus. Durch die Besatzung wurden alle Lebensbereiche politisiert. Sie stellte alles – auch das Selbstverständnis eines Journalisten – in das Licht eines nationalen Befreiungskampfes. Die Medien wurden somit hochgradig politisiert, allerding im Sinne eines nationalen Projektes und nicht im Sinne direkter Propaganda einer

---

[242] Foucault (1981:129)

[243] Vgl. Gernot ROTTER zit. nach Wütherich, P. 1999: "Gefängnis oder Selbstzensur, in: *die tageszeitung vom 10.12.1999, S.14*

Herrschaftselite. Mit der Existenz eigener Medien, die eigenen Gesetzen unterworfen sind, wurden Stimmen laut, die, trotz der Hemnisse, die einem palästinensischen Journalisten entgegengebracht werden[245], ein anderes Selbstverständnis, einen ungefärbtens Journalismus forderten.[246] Da es kaum ausgebildete palästinensische Radio-Journalisten gab, wurde innerhalb der PBC eigens ein Ausbildungszentrum eingerichtet, welches mit Unterstützung der dänischen Organisation DANIDA einen ersten Ausbildungskurs von September 1995 bis März 1997 veranstalten konnte.[247] Interessant ist in diesem Zusammenhang, dass der Ausbilder seine Rolle darin verstand zu betonen, dass Journalismus in erster Linie Journalismus und nicht Politik ist, und dass

> "das Radio für die Massen (*ğamāhir*) und nicht nur für die Minister und die Vertreter der Autonomie (*sulṭa*) ist."[248]

In dem speziell für palästinensische Journalisten herausgegebenem Lehrbuch wird die Rolle des Journalisten beschrieben. Diese gibt einerseits die traditionelle starke Verflechtung von Politik und Journalismus zu erkennen, zeigt aber auch eine andere Richtung auf, was den Wunsch nach einer Veränderung offenbart:

> "Die Rolle des Journalismus ist es, die Wahrheit/Wirklichkeit zu sagen. ... Was ist das, die Wahrheit? Sehr oft hängt die Wahrheit von der Person des Betrachters ab, was für Palästinenser eine Lektion aus ihrer eigenen Geschichte ist. ... Wahrheit/Wirklichkeit bedeutet, dass man verschiedene Perspektiven zulässt und dementsprechend viele Informationen sammelt. Und manchmal ist es schwer, jemandem auf Sendung eine lange Zeit sprechen zu lassen, der eine vollkommen

---

244 Boyd (1993:9)

245 wie die eingeschränkte Bewegungsfreiheit, keine Sicherheitsgarantien, die schlechte Ausbildung und mangelnde Ausstattung.

246 Vgl. Nasir, M. 1997: Die palästinensischen Universitäten bieten neue Schwerpunkte in Journalismus und Medien an (*Al-ğāmi'āṭ al-filasṭīniyya taṭraḥa taḥaṣṣuṣāt ğadīda fī ṣ-ṣaḥāfa wa-l-i'lām*) in: *Ṣaḥāfī, April, Nr1, S.2*

247 Vgl. Kim LASSEN (Leiter des Ausbildungskurses) in einem Interview in: PBC (Hg.) 1996a: Das Radio und das Fernsehen (*Al-'iḏā'a wa at-tilifisīūn*), Vol. 2, S.43f

248 Lassen in: PBC (1996a:45)

> andere Perspektive hat als man selber, aber das ist gefordert. ... Es ist im allgemeinen nicht einfach, allen Ansichten gerecht zu sein, und im besonderen an einem Ort wie Palästina, in dem um das Land, die Freiheit und die Gleichberechtigung gekämpft wird. Und es ist verständlich, dass die palästinensischen Journalisten über die Folgen ihres Journalismus nachdenken müssen: 'Habe ich nicht die Regierung kritisiert, oder wird das nicht den gemäßigten Israelis helfen oder der Opposition des Friedensprozesses?' ... Überall gibt es Probleme... und wenn man etwas nicht erwähnt, dann heißt das nicht, dass es nicht existiert. ... und die Probleme können nur gelöst werden, wenn darüber geredet wird. Aber dazu braucht die Gesellschaft Informationen, detaillierte Informationen."[249]

Aber nicht nur die Journalisten sind dieser Tradition unterworfen, sondern auch die Rezipienten haben eine bestimmte Erwartungshaltung. So stimmten insgesamt 49% (und in Gaza sogar 54,0%) der Palästinenser der Aussage zu, dass es die Aufgabe der Medien ist, den Standpunkt der herrschenden Regierung zu präsentieren.[250] Ferner hat die Bevölkerung durch ihre Erfahrungen in der Besatzungszeit eine gewisse Skepsis gegenüber Fragen und Nachforschungen entwickelt. Es ist m.E. bezeichnend, dass das Wort des journalistischen Nachforschens, dasselbe Wort ist, wie die Bezeichnung eines Verhörs, dem praktisch jeder junge Mann z.Z der Intifada auf irgendeine Weise unterworfen wurde: *taḥqīq* (Verhör, Ausfragen, Nachforschung, Recherche). Informationen sind zu schützen. Es kann nur schaden, wenn sie an die Öffentlichkeit geraten. Dementsprechend gibt man diese auch nur ungern Journalisten preis.[251] So kann man sagen, dass

> "The palestinian media do not have much to offer their population by way of information,[252] although by way of entertainment the broadcast sector offers more than most Arab

---

[249] Lassen, K./ 'Auwad, A. 1996: Radiojournalismus, (*Ṣaḥāfa ar-radīū*), Ramallah, S.44 -45

[250] Vgl. JMCC (1998:11)

[251] Al-Kisawani, M. 1997: Die palästinensische Gesellschaft ist es nicht gewohnt, sich vor den Journalisten zu enthüllen (*Al-muǧtama' al-filasṭīnī lam ya'tad 'an yaktašif nafsihi 'amām aṣ-ṣaḥāfa*) in: *Ṣaḥāfī, April, Nr.1. S. 3*

[252] Da man aber durch die ausländischen Medien relativ gute Auslandsnachrichten empfängt, sagt man in Palästina "Wenn es in Rußland regnet, spannen die Kommunisten hier ihre Regenschirme auf."

countries."[253]

6.2 Die mediale Disziplinierung der Aussagen

6.2.1 Schließungen und Verhaftungen

Im Gegensatz zu Israel gibt es von der PA keine apriori Zensur. Aber anstatt dieser Art der Überwachung hat die PA andere Formen der Kontrolle entwickelt. Die wichtigste davon ist die Vergeltung nach einer unerwünschten Tat. Da seitens der PA keine Listen über die anstößigen Themen veröffentlicht werden, müssen die Journalisten selbst abwägen, was gesagt werden darf. Zu Beginn der palästinensischen (Teil)-Autonomie war das Klima recht offen und man riskierte auch kritische Berichte und Sendungen. Das galt für Zeitungen, die meist stärker kontrolliert werden als die Sender, weil sie die Ressource für die Nachrichten darstellen, als auch für die Programme des staatlichen Senders: Saut Filastîn. Seine bekannteste und beliebteste Sendung war das Morgenmagazin, welches täglich von Daniela KHALAF moderiert wurde. Dies war ein wahrhaftiges Diskussionsforum. Sie stellte entweder Prominente zur Rechenschaft oder präsentierte ein Thema, welches mit Telefonanrufen diskutiert wurde.

Die Entwicklung und Wandlung des Senders zeigt sich an einigen Ereignissen, wie zum Beispiel der Eklat, der hervorgerufen wurde,

> "nachdem sie [Daniela KHALAF] einen jungen palästinensischen Polizisten, der zahlreiche Mißstände bei der Polizei anprangerte, ausführlich, live und unzensiert zu Wort kommen ließ"[254]

Das Programm wurde gesperrt und die Moderatorin wurde entlassen. Nachdem sie aufgrund der wichtigen Position ihres Vaters wieder eingestellt wurde, verließ sie kurze Zeit später freiwillig die Organisation,

---

[253] Musa (1998:116)

[254] Krieg, R. 1998: Kultur und nationale Identität, in: *Kulturpolitische Mitteilung, Nr.81*, S.40

die nach und nach von der ganzen ursprünglichen Crew verlassen wurde.

Das war nicht der einzige Fall einer "Bestrafung" der PA für eine unerlaubte öffentliche Äußerung. Zahlreiche Zeitungen und Sender wurden geschlossen, Journalisten verhaftet und Redakteure bestraft.[255] Die Bestrafung freier Meinungsäußerung oder unangebrachter Darstellung erfolgt geschickt am schwächsten Punkt: dem einzelnen Journalist oder Redakteur. Dem Verfahren unterliegt eine enorme Willkür. Häufig weiß weder das Informationsministerium, das eigentlich die Schließungen oder Verhaftungen veranlassen müßte, etwas über das Vergehen des Senders oder des Journalisten, noch sind die Entscheidungen innerhalb der PA transparent. Inzwischen wird sogar von Fällen berichtet, in denen eine der 11 Geheimdienstorganisationen eigenmächtig eingreift.[256] Durch diese willkürlichen Strafmaßnahmen wurde ein Klima der Unsicherheit geschürt, in dem die Journalisten in hohem Maße Selbstzensur betreiben.[257] Die Willkür der ungewissen roten Grenze, die je nach politischem Klima und persönlichen Affinitäten durch andere Wortfelder verläuft, garantiert eine minimale Bewegung des Inhaltes und der Form entlang der gegenwärtigen Art und Weise der Berichterstattung. So gilt, dass sich

> "die Journalisten dort ständig zwischen Selbstzensur und Gefängniszelle bewegen."[258]

---

[255] Vgl. Free Voice (Hg.) 1999: Mißbräuche gegen die Freiheiten des Journalismus auf palästinensischem Boden. Jahresbericht 1998 (*Intihakāt ḥurrīyat aṣ-ṣaḥāfa fi-l-'arāḍ al-filasṭīnīya. Taqrīr as-sanawī 1998*), Ramallah und die jährlichen Berichte des PICCR. Zum Beispiel: PICCR (Hg.) 1999: Fourth Annual Report. 1. January 1998 to 31 December 1998, Ramallah, S.129f

[256] Vgl. Usher, G. 1996: The Politics of Internal Security: The PA's New Intelligence Services, in: *Journal of Palestine Studies, Vol. 25, No.2, S.21-34*

[257] Vgl. Urasnah, Y.: 1997: Für eine freie palästinensische Presse: Die Presse zwischen Ausdrucksfreiheit und Angst vor der Autonomiebehörde (*min 'ağli ṣaḥāfa filasṭīniyya ḥurra: aṣ-ṣaḥāfa bayna ḥurriyat il-ta'bīr wa-l-ḫawf min aṣ-ṣulṭa*) in: *Ṣaḥāfī, April, Nr.1, S.8*

[258] Gernot ROTTER zit: nach Wütherich, P. 1999: "Gefängnis oder Selbstzensur, in: *die tageszeitung vom 10.12.1999, S.14*

Der Rückschluss von den Medienrealitäten auf den palästinensischen Interdiskurs ist mit vielerlei Einschränkungen verbunden: weil die Funktion der Medien durch "Persuasion"[259] ersetzt wurden; weil die Medien vom Publikum anders benutzt werden, und weil sie nicht nur den Zwängen der medialen Wirklichkeitskonstruktion, sondern auch denen des politischen Systems unterworfen sind.

Die eingreifenden Maßnahmen haben ihren eigenen legitimierenden Diskurs. So antwortete der Direktor des PBC in einem Interview nach den "Erfahrungen aus der direkten Übertragung" gefragt:

> "... Wir wollten nach einiger Zeit 'Nein' zu einigen Äußerungen sagen, Nein zur Zerstörung der Idee und Ja zu allen Ideen, die die Nation aufbauen. So werden wir in dieser Zeit keine Aufhetzung (tahrîd) dulden. Das ist ein gefährliches Hindernis, dass nicht Wein zu einem Dolch verwandeln darf, der keine schönen Blumen der Nation bewässert. Man muss die Märtyrer schützen, aber auch die Denker, die dieses gute Volk aufbauen."260

6.2.2 Stolpern über die verbotenen Worte und Lieder

Durch das Überwachen und Strafen ist der mediale Diskurs nicht nur stark verzerrt, sondern auch gefärbt. Das Auslassen bestimmter Aussagen in der medialen Diskursformation erzeugt ein anderes Muster, das für die Rekonstruierung einer gesamtgesellschaftlichen Formation nach einer Ergänzung verlangt. Dementsprechend stolpert man über die Verbote, die diese Lücken zu füllen im Stande sind. So werden auch im medialen Landdiskurs Kollektivsymbole, wie Märtyrer (*šahīd*), Boden (*al-'arḍ*), Jerusalem (*al-quds*) und die Nation (*al-waṭan*) verwendet. Durch die Auslassung bestimmter Aussagen erhalten sie jedoch eine andere Konnotation, eine andere Färbung als im Interdiskurs. Um die

259 ‚Überredung' vgl. Kleining (1995:175)
260 Abu Ayyash in: PBC (1996a:5)

ursprüngliche Farbe wiederzugewinnen, müßte man die "diskursive Formation der Verbote" suchen.

Es fällt auf, dass bestimmte Stimmen ganz in dem medialen Diskurs fehlen und Personen, die mit Hamas affiliiert werden, auffallend schweren Restriktionen und Bestrafungen von freien Meinungsäußerungen unterworfen sind.[261] Der Diskurs dieser Organisation, die eng mit dem religiösen Diskurs verbunden ist, offenbart eine andere Perspektive auf die Begriffe des Landdiskurses, in dem Palästina als ein klar begrenztes und verortetes Land erkennbar ist.[262] Es mag sein, dass sich der Landdiskurs, der in dem öffentlichen Raum der Moschee geführt wird, mehr dem Interdiskurs gleicht, als der der lokalen Medien.

Weiter fällt auf, dass im "staatlichen" Sender *Ṣawt Filasṭīn* bestimmte Lieder von der Sendung ausgeschlossen werden. Dazu gehören praktisch alle Lieder, die zu der Kategorie Heimat/Nationallieder (*'uġnīya al-waṭanīya)* gehören. Es sind nicht allein die Worte der Texte, die so brisant sind, sondern auch die Melodien, die Erfahrungen und Bedeutungen, die über diese Lieder transportiert werden. Die Lieder und Gedichte transportieren die Ideen, welche durch den Anspruch der Konkretisierung von politischer Relevanz waren. Aus den Liedern lässt sich ein Landdiskurs, der sich auf das konkrete Land bezieht und in ihm zu wirken trachtet, mit entsprechenden Codes aus dem sozialen Wissensvorrat entschlüsseln. Und diese Entschlüsselung ist nicht vollkommen kontrollierbar.

> "The control of media system by states, through ownership of the technology and its ability to exclude through censorship rival sytems, is a tool of social control, that a few authoritarian states have overlooked. It is worth pointing out, however, that media systems are not a watertight means of enacting social

---

261 Vgl. Free Voice (1999)

262 Vgl. Charter of the Islamic Resistance Movement (Hamas) of Palestine, in: *Journal of Palestine*

control. They are often 'leaky', to use Enzenburger's expression (1976): meaning cannot be totally controlled, and the technologies are seldom foolproof."[263]

6.3 Ein Widerstandspunkt durch alternativen Journalismus: Das Radio Birzeit

Ein anderer Weg, den medialen Raum für Aussagen aus dem Interdiskurs zu öffnen, ist der Versuch einer "Entzerrung" der Berichterstattung durch das Aufbrechen der starren Tradition und der Entwicklung eines anderen Selbstverständnisses des Journalisten. Dieser Weg, einen alternativen Journalismus zu etablieren, ist von dem Media Center der Universität Birzeit eingeschlagen worden. Hier kann man einen vierjährigen Master in Journalismus und seit neuestem auch ein Diplom in Radiojournalismus absolvieren.[264] Die Verknüpfung der Ausbildung mit der Produktion ist ein integraler Bestandteil des Programmes. Aus diesem Grund gibt es auch einen Uni Radio Sender: "Radio Birzeit", der alle zwei Wochen am Donnerstag um 16 Uhr für zwei Stunden auf 92,1 **FM** von Birzeit aus sendet. Auch hier ist ein Diskurs um Land sichtbar, der sich jedoch grundlegend von dem sonst vernommenen medialen Diskurs unterscheidet.[265] Im Radio Birzeit werden Leute ausgebildet, von denen eine Veränderung der Medienlandschaft zu erwarten ist.

Einige Zeit nach dem "Tag der Wut", am 08. Juli 1999, wurde in dem Programm: "Palästinensische Standorte" von Khaled **EL-QASIM** eine Reportage über den Wadi Kana bei Salfit und die dortigen Auswirkungen der israelischen Besatzung gesendet.[266] Die gesamte Darbietung

---

Studies, 27, (1993), S.122-134

263 Stokes (1994:12)

264 Vgl. Abu 'Umar, S. 1999: Die journalistische Ausbildung ... die Wirklichkeit und die Herausforderungen (*Al-tadrīb al-i'lāmī .... al-wāqi'a wa-t-taḥaddiyyāt*) in: *As-Sarāǧ, Nr.1, S.6*

265 Ich durfte mir aus dem Archiv, dank der Geduld von Isma'īl BAGHOUTHI, die ganzen bisher gefahrenen Sendungen anhören.

266 Vgl. Übersetzte Transkription eines Diskursfragment im Anhang II (3) S.xvi-xvii

entspricht einem hohen journalistischen Standard. Die Sprache ist klar und deutlich, auch hier ist eine Hochsprache gewählt, die allerdings mit den im Dialekt gesprochenen O-Tönen eines Bauerns von Salfit durchsetzt ist. Diese O-Töne sind mit den Hintergrundgeräuschen der Gegend (Vögelgezwitscher, Wassergeplätscher und das Blöcken von Schafen und Ziegen) untermalt, so, dass der Hörer das Gefühl erhält, vor Ort zu sein. Es werden auch Fakten der Geschichte des Stück Landes aufgeführt. Dem Bauern wird viel Raum gelassen, seine Erlebnisse zu berichten, gleichsam einer "oral-history". Obwohl er – und das ist nicht üblich – in keinster Weise zur palästinensischen Elite gehört. So sagt er aus freien Stücken in seinem Dialekt seine Meinung zum "Tag der Wut":

> "Die Verhandlungen sind nutzlos, und Israel wird nicht verzichten, auf nichts auf der Welt. Kein Tag der Wut nützt etwas, *(energisch)* noch fünfhundert Tage der Wut [nützen etwas], wenn nichts passiert, wenn man ohne *ǧihād,* ohne Kraft/Gewalt, ohne Krieg die da, diese Gruppe der Siedler ausreißen will, dann ist das alles ein leeres Gerede. Ja, oh, es gibt keinen Tag der Wut und keinen Tag der Menschlichkeit! Das geht nicht mit ihnen, das ist alles ein leeres Gerede. Ich bete zu Gott, uns zu erleichtern, von den Juden und dem Anblick der Juden und den Leuten, die sie unterstützen."[267]

Hier zeigt sich deutlich, wie das Prinzip der Pluralität, des Zulassens aller palästinensischen Stimmen im medialen Diskurs dem sonst praktizierten Journalismus entgegengestellt wird. Bezogen auf den Diskurs um Land kristallisiert sich hier ein Widerstandspunkt heraus, einer der unregelmäßig gestreuten Widerstandsknoten,

> "die mit größerer und geringerer Dichte in Raum und Zeit verteilt [sind], gelegentlich kristallisieren sie sich dauerhaft in einer Gruppe oder Individuen oder stecken bestimmte Augenblicken des Lebens, bestimmte Typen des Verhaltens an."[268]

---

[267] Zit. aus dem Diskursfragment im Anhang II (3) S.xiii

[268] Foucault (1988²:117)

Das Radio Birzeit ist ein Anzeichen einer beginnenden Gegenöffentlichkeit, im BRECHTschen Sinne[269]. SCHOLL und BOBBENKAMP haben als zentrale Ziele für die Etablierung einer Gegenöffentlichkeit Authentizität und Autonomie gefordert.[270] Dies sind Prinzipien, dem sich das Radio Birzeit verpflichtet fühlt. Die Betroffenenberichterstattung wird hierbei als wichtiges Instrument gesehen, die sich nach "unten" wendet und "den Betroffenen ermöglicht, ihre Sicht der Welt in ihrer eigenen Sprache darzustellen."[271]

Das Radio Birzeit hat keine besonders große Hörerschaft und keine langen Sendezeiten. Im Gegensatz zu anderen kleineren Radiosendern konstituiert die Verpflichtung zu einer alternativen Form des Journalismus die Selbstidentität, die es auch nicht bereit ist für mehr Einfluß aufzugeben. Es nimmt einen selbstgewählten Platz am Rande ein, der sich dem von bell HOOKS gleicht, die schreibt:

> "I am located in the margin. I make a definite distinction between that marginality which is imposed by oppressive structures and that marginality one chooses as sites of resitance - as a location of radical openness and possibility. This site of resistance is continually formed in that segregated culture of opposition that is our critical response to domination."[272]

7 Im Kontext des Konfliktes: Nach der Besetzung des Landes erfolgt die Besetzung der "Worte"

> Where language and naming are power,
> silence is oppression, is violence.
> Adrienne Rich 1971

---

269 BRECHT forderte 1932 in seinen "Radiotheorien" den Rundfunk von einem Distributions- in einen Kommunikationsapparat umzufunktionieren.

270 Vgl. Scholl, A./ Bobbenkamp, C.: Gibt es einen dritten Weg? Alternative Medien und das Konzept "Gegenöffentlichkeit" in: Löffelholz, M. (Hg.) 1993: Krieg als Medienereignis. Grundlagen und Perspektiven der Krisenkommunikation, Opladen.

271 Scholl/Bobbenkamp (1993:237)

272 hooks, b. zit. nach Soja (1999:261)

Kriege finden zu allererst in Köpfen statt. Aus diesem Grund gibt es eine Reihe von Forschungsansätzen und Initiativen, die gegen die Verfestigung und Etablierung der gegenseitigen Feindbilder anzugehen versuchen.[273] So angeblich auch das "Center for Monitoring the Impact of Peace (CMIP)"[274], einer israelischen Medienüberwachungsorganisation in Jerusalem. Hier zeigt sich, dass sich ein scheinbarer Schritt hin zur Versöhnung bei genauerer Betrachtung als ein strategischer Angriff entpuppt, der ein neues Feld zu besetzen beginnt: das Feld der Sprache, der Wörter. Ein Feld, aus dem sich die Aussagen formieren, welche den Wissensvorrat und seine Deutungsschemata beherbergen.

Kurz vor den Verhandlungen in Wye River gab es ein Treffen zwischen Präsident Clinton, Präsident **NETANYAHU** und "PA Chairman" **ARAFAT**, in dem vom CMIP seine Studie[275] über die anti- israelischen Äußerungen in den Palästinensischen Schulbüchern, dem Palästinensischen Fernsehen und dem Radio: *Ṣawt Filasṭīn* (PBC) vorgelegt wurde.[276] Daraufhin wurde die Thematik: "Incitement" in die Wye River Verhandlungen aufgenommen und fand ihren Niederschlag in der Sektion II, A (3) unter dem Titel: "Preventing incitement".[277]

Was für eine Aussage verbirgt sich hinter diesen Worten? Was sind das für "Bilder," die im Kontext des herrschenden Kräfteverhältnisses durch den neu ins Leben gerufenen Diskurs des "Incitements" produziert werden?

---

[273] Vgl. Hessische Stiftung Friedens- und Konfliktforschung (HSFK) (Hg.) 1975: Friedensanalysen. Für Theorie und Praxis 1. Schwerpunkt Feindbilder, Frankfurt am Main; Hartmann, K. (Hg.) 1969: Vorurteile. Ihre Erforschung und ihre Bekämpfung, Frankfurt am Main; und Wagenlehner, G. (Hg.) 1998: Feindbild. Geschichte, Dokumentation, Problematik, Frankfurt.

[274] Vgl. http:// www. edume.org/

[275] Vgl. CMIP (Hg.) 1998: Palestinian Authority School Text Books, o.O.

[276] Vgl. http:// www. edume.org/newsletter1.htm, S. 1

[277] Vgl Wye Abkommen auf http:// www.jmss.org/research/series/wye.htm

Dazu muss man zuerst sehen, wer entscheidet, welche Aussagen mit "incitement" bezeichnet werden, mit der Folge, dass sie auf vertragsgemäß und damit auf legitime Weise von der diskursiven Fläche verbannt werden können. Es fällt auf, dass sich die Kritik prinzipiell an die palästinensische und nicht an die israelische Seite richtet. So werden palästinensische Medien und Schulbücher von CMIP begutachtet und kritisiert, nicht aber die israelischen[278]. Der Senator Connie MACK gab in seiner Rede an den Senat deutlich zu verstehen, dass die "Aufhetzung der palästinensischen Seite eine Gefahr für eine friedliche Lösung darstellen:

> "Let's be clear. The peace process, to be meaningful, must be about more than rules and laws and lines on the map. We can reach short- term agreement on these point, but if the Palestinian leadership fails to abandon incitement of hatred, persecution and terrorism, then we are all dreaming, only dreaming, and our President's behaviour must be labelled foolish appeasement."[279]

Die Verletzungen der Verträge durch den Siedlungsbau werden hingegen nicht als eine Gefährdung bezeichnet. Diese Perspektive hängt mit der Konstruktion des Wye Memorandums selber zusammen, durch das eine bestimmte diskursive Formation eine gesetzliche Untermauerung erfuhr, die den Diskurs des "FriedensProzess" entscheidend formiert und drastische Auswirkungen auf das innerpalästinensische Wortgefecht hat.

Was für Aussagen werden als "aufhetzend" gebrandmarkt? Zieht man die Publikation des CMIP zur Hand, auf dessen Initiative die ganze Diskussion ins Rollen kam, so sind es bestimmte Formulierungen, die aus den Sendungen des PBC entnommen sind und scharf verurteilt werden. Die angeprangerten Formulierungen, von denen sich ein

---

[278] Vgl. Krakotzkin, A. 1999: The Textbook Debate, in: *News from Within, December, S.5-9*

[279] zit nach: http:// www. edume.org/newsletter1.htm, S.2

gewichtiger Teil auf den Diskurs um Land beziehen, werden in der Studie wie folgt gegliedert:

"1. The portrayal of Jews and Israel
a. Abuse Terminology
b. The Evil Enemy
c. Denial of Legitimacy
d. To be fought through Jihad (Holy War)
e. Israel does not exist on the Maps. Its place is marked -"Palestine"
f. Israeli Cities are labeled Palestinian Cities
g. Israeli's Capital, Jerusalem, is called: The Capital of "Palestine"
2. Education to Jihad (Holy War) and Martyrdom"[280]

Zum einen sind es die verwendeten Ortsnamen, die nicht zulässig sind, zum anderen ist die palästinensische Geschichtsschreibung unzulässig, da sie eine konstruierte Darlegung der Tatsachen darstellt.[281]

Weiter werden all jene Sätze, die den Kampf fordern, als Aufhetzung bezeichnet.[282] Dazu zählen alle Formulierungen, in denen *šahīd* und *ǧihād* verwendet werden[283]. Vorhin haben wir gesehen, dass diese beiden Begriffe als palästinensische Kollektivsymbole häufig gebraucht werden. Die palästinensischen Medien werden strengstens von CMIP beobachtet. Die verwendeten Satzkonstruktionen werden unter einem bestimmten Licht herausgefiltert und im Zusammenhang von "Aufhetzung" dokumentiert. Unbeachtet bleiben hierbei die "Bilder", die aus palästinensischer Sicht zu den Äußerungsmodalitäten gehören. Die Dokumentation ist von der Art, dass sie Wahrheiten entsprechend dem Diskurs der "palästinensischen Terroristen" produziert.

Mit einer Dekonstruktion der medialen Feindbilder, was man sich von Aufhetzungsverboten erhofft, werden jedoch nicht die Tätigkeiten

---

[280] CMIP (1998:1)
[281] CMIP (1998:12)
[282] CMIP (1998:17)
[283] Vgl. auch den Bericht von Palestinian Media Watch (Hg.) [1999]: Palestinian Media Incitement Since Wye. [Nov.1998-Feb. 1999], Jerusalem

dekonstruiert. Deshalb ist es gefährlich, wenn man sich nur mit der diskursiven Ebene auseinandersetzt, und das "Geographie machen", aus dem Blickfeld verliert. Bei semiotischen Untersuchungen fallen leicht die tatsächlichen Handlungen und Verhältnisse unter den Tisch, wohingegen bei einer reinen Betrachtung des Verhaltens im Realraum, die Bedeutungen der Handlungen vernachlässigt werden. Denn transformative Aktivitäten umfassen viele Formen: "both material and discursive."[284] Oder um den Philosophen zu Wort kommen lassen, der die Grundlage dieser Arbeit darstellt:

> "Neither dialectic, as the logic of contradictions, nor semiotics, as the structure of communication, can account for the intrinsic intelligibility of conflicts. 'Dialectic' is a way of evading the always open and hazardous reality of conflict by reducing it to a Hegelian skeleton, and 'semiology' is a way of avoiding its violent, bloody and lethal character by reducing it to the calm platonic form of language and dialogue."[285]

Die "Friedensbereitschaft" wird im internationalen Diskurs allein in der Formulierung der Aussagen gemessen, ohne dass die "Bilder" des Realraumes mit hineingezogen werden. Die Ursache des Nicht-Fortschreitens des "Friedensprozesses" ist die palästinensische "Gewaltbereitschaft", die nicht eingehaltenen Sicherheitsgarantien, und nicht die israelischen Praktiken im Realraum.

> "Indeed while Israel's failure to carry out the three redeployments stipulated in the Hebron Protocoll between Spring 1997 and mid 1998 does not merit a reference in the Wye Memorandum, the PA's security and reciprocity obligations are enumerated in voluminous detail. The clear implication the earlier agreements have not been implemented because of PA unwillingness or inability to honor security commitments is one of the most humiliating aspects of the Wye agreement." [286]

---

[284] David Harvey in: Smith, N. 1995: Nature, politics, and possibilities: A Debate and Discussion with David Harvey and Donna Haraway, *Environment and Planning D: Society and Space, No.13,* S.516

[285] Michel FOUCAULT zit. nach: Hall (1997: 43)

[286] Aruri, N. 1999: The Wye Memorandum: Netanyahu's Oslo and the Unreciprocal Reciprocity, in:

Clinton bedankte sich bei **Arafat** am Tag der Unterzeichnung des Abkommens für "turning away from violence toward peace"[287]. **Netanyahu** erklärte, dass Israel durch diesen Tag sicherer geworden sei.[288] Und trotz der alltäglichen Hausdemolierungen, Landenteignungen und dem Siedlungsbau, den Absperrungen, Kollektivstrafen, Festnahmen, Verhaftungen und der Konfiskation der Ausweise, von denen Palästinenser tagtäglich bedroht werden, sprach man allein über die zu garantierende israelische Sicherheit. **Arafat** selber sagte:

> "I will do everything I can so that no Israeli mother will be worried if her son or daughter is late coming home, or any Israeli would be afraid, when they heard an explosion."[289]

Es ist der Diskurs, der den Kampf als "Terrorismus" bezeichnet, der sich hier zeigt und kein neuer Diskurs, den man von einem FriedensProzess erwarten würde. Solange die Bilder geschehen, ohne vom Diskurs eine Bedeutung zu erhalten, müssen sie wenigstens im palästinensischen Diskurs bedeutungsvoll sein. Sobald der Diskurs das Töten von Palästinensern, ihre Verhaftungen, Absperrungen und Zerstörungen der Lebensgrundlagen nicht mehr als ein Töten, Verhaften und Bestrafen von Terroristen bezeichnet, ist es möglich, dass der palästinensische Diskurs den Tod von Palästinensern nicht mehr als einen Märtyrertod bezeichnet.

Mit dem Wye Memorandum wurde nun das Vorgehen gegen "Incitement" zur Voraussetzung für ein israelisches Zugeständnis irgendwelcher Gebiete an die palästinensische Selbstverwaltung. Unter der Bezeichnung der "Reziprozität" schreibt es jeglichen Abzug von den besetzen Gebieten nur dann verpflichtend vor, wenn von

---

Journal of Palestine Studies Vol.28, No.2, S.22

[287] Präsident William Clinton in: Remarks at the White House Signing Ceremony, Washington, 23. October 1998, in: *Journal of Palestine Studies Vol.28, No.2,* S.141

[288] Premierminister Benjamin Netanyahu in: Remarks at the White House Signing Ceremony, Washington, 23. October 1998, in: *Journal of Palestine Studies Vol.28, No.2,* S.141

[289] Arafat zit. nach: Aruri (1999: 25)

palästinensischer Seite Sicherheitsgarantien, die Israel nach eigenem Ermessen formulieren kann, erfüllt werden.[290] Dementsprechend ist der Abzug auch geringer ausgefallen, als vorgesehen. Israel ermöglicht sich durch den Aufhetzungs- Paragraphen ein prinzipielles Interventionsrecht in die eigentlich den Palästinensern übergebene Zivilverwaltung, der die Medienproduktion unterliegt.[291] Der Feldzug, die Formulierungen, die Wörter als Straftat in die Vertragstexte aufzunehmen, hat den palästinensischen Interdiskurs in starkem Maße beeinträchtigt. Nicht nur ihr Land und ihre Körper werden kontrolliert, sondern es werden jetzt auch Worte und Formulierungen als Straftaten gebrandmarkt. Es war ein taktisches Manöver, durch das Israel Schritt für Schritt palästinensische Ansprüche auf das Land eliminiert, und die Palästinensische Autonomiebehörde Instrumente in die Hand bekam, gegen die Opposition von Oslo vorzugehen.

> "... although similar in its fundamentals to previous Israeli-Palestinian agreements, Wye commits the Palestinian Authority, under the guise of reciprocity, to new security arrangements aiming at destroying opposition to the Oslo process and doing away with internationally sanctioned Palestininan Rights."[292]

Die Debatte um das "Incitement" hat auf palästinensischer Seite einen Diskurs eröffnet, der vor Wye nicht geführt wurde. Es gibt nun Worte und Formulierungen, die von Palästinensern den Palästinensern zu sagen verboten werden. *Taḥrīḍ* ("Aufhetzung") ist der arabische Begriff dafür, mit dem sich Schließungen der medialen Institutionen und Verhaftungen und Festnahmen von Redakteuren und Journalisten legitimieren lassen. Human Rights Watch kritisierte das Abkommen:

---

[290] Vgl. Aruri (1999: 18f)

[291] So wurde z.B. im Sommer 1997, während den Demonstrationen in Hebron bei denen viele Palästinenser verletzt wurden, die Frequenz des Senders von Saut Filastīn für einige Zeit von Israel gestört. Dies wurde damit begründet, daß die Berichterstattung "aufhetzend" sei. Daraufhin stoppte die Redaktion die Berichterstattung über Hebron, bis die Ereignisse vorbei waren.

[292] Aruri (1999:17)

> "We are concerned that the vague language of 'prohibiting all forms of incitement' may become an excuse for further violations on the right to legitimate political expression. Already freedom of expression violations have increased sharply since the signing of the Wye River Memorandum"[293]

Und wenn es vor dem Wye Abkommen die "Bilder" waren, die Ereignisse, die sich in Tel Aviv und Jerusalem abgespielt haben, welche die Sicherheit Israels bedrohten, so markiert das Abkommen einen Wendepunkt dadurch, dass es nicht mehr die Ereignisse sind, auf die sich die Aussagen beziehen, sondern die Aussagen des palästinensischen Diskurses selber, die als bedrohlich eingestuft werden. Zuerst gab es keine palästinensischen Körper, keine Palästinenser im Diskurs. Dann gab es sie als Kriminelle, die kontrolliert werden müssen, deren Orte und Plätze im Realraum überwacht, deren falsche Bewegungen bestraft werden müssen. Bis vor kurzem gab es keine palästinensischen Aussagen im Diskurs. Mit dem Abkommen tauchen sie als "Incitement" im Diskurs auf, als Formulierungen, die kontrolliert werden müssen, deren Orte und Plätze im palästinensischen Diskurs überwacht und ihre falsche Verwendung bestraft werden muss. Der palästinensische Diskurs wurde zwar vorher auch kontrolliert und es wurde versucht, ihn zu manipulieren. Jedoch war die Kontrolle extern, wodurch sich interne Formationsregeln entwickeln konnten, die intern codiert und decodiert wurden. Mit dem Abkommen fand eine Übertragung statt: die Kontrolle wird intern durchgeführt, und nur noch die Kontrolle kontrolliert, was natürlich viel effektiver ist.[294] Nach der Besetzung des Landes und der Kontrolle über die Körper, erfolgt nun eine Besetzung der Sprache und ihrer Aussagen, durch die die Ereignisse des Realraumes eine Bedeutung erhalten. Es ist ein Kampf um Land, aber genauso wie es ein Kampf um Land ist, ist es ein Kampf um die Bedeutungen, die sich in und durch den Diskurs objektivieren.

---

[293] Human Rights Watch (Hg.)1998: An Analysis of the Wye River Memorandum", New York, in: *Journal of Palestine Studies, Vol.28, No.2,* S.163

[294] Vgl. Usher (1996)

Mit dem Wye Memorandum lässt sich ein Wendepunkt markieren: nach der Besetzung des Landes und der Körper, des "Realraumes", folgt eine Besetzung des bisher unbesetzten Raumes, des palästinensischen Diskurses, aus dem sich der Widerstand formieren und seine Identität konstruieren konnte. Die Streuung der "Bilder" wird als Realraum bezeichnet. Auch wenn die Streuung der Aussagen wesensverschieden sind, so zeigt sich doch, dass es durchaus Sinn macht, diese Streuung als einen Raum zu bezeichnen. So gibt es zwei Konflikträume, die durch die Machtverhältnisse strukturiert und nicht gegenseitig zu substituieren sind: Der Realraum, den die Formation der Dinge konstituiert und der Raum, der sich in "Worten" entfaltet: ein sozialer Konzeptraum.

8 Folgerungen aus der Empirie für eine sozialgeographische Raumauffassung

8.1 Ein erneuter Blick auf den Raum

Am Anfang dieser Arbeit wurde argumentiert, dass für die Sozialgeographie das Konzept des Raumes weiterhin sinnvoll ist. Nur ist es notwendig, den Raum in einer anderen Struktur, in der Sprachstruktur zu suchen. Die Notwendigkeit ergibt sich daraus, dass für die Sozialgeographie nicht die materielle Welt *per se* relevant ist, sondern ihre Bedeutung, die diese in der signifizierenden Praxis erhält. Der Ansatz von FOUCAULT wird der Tatsache gerecht, dass -wie es sich deutlich in dem Konflikt in Israel/Palästina zeigt- neben den Aussagen auch "Bilder" existieren, die nicht durch ihre Repräsentation substituierbar sind. "Wahrheiten werden durch das existierende Kräfteverhältnis produziert, die nicht etwa von den "Bildern" determiniert sind. Das Diagramm des existierenden Kräfteverhältnisses, welches die "Bilder" und den dominierenden Diskurs in Verbindung bringt, geht von einer Nichtexistenz eines arabischen Volkes in Palästina aus. Trotz des ungleichen Machtverhältnisses ist es den Palästinensern gelungen, sich diesem Diagramm zu widersetzen und ihren eigenen Wissensvorrat und eigene Deutungsschemata zu konservieren. Obwohl die "Bilder" des Realraumes eine andere Sprache sprechen, sind im palästinensischen Interdiskurs Kollektivsymbole erhalten geblieben. Sie sind aus den vergangenen Erfahrungen gewachsen und setzten den Deutungen der Ereignissen des Realraumes durch den dominierenden Diskurs eine andere Bedeutung entgegen. Auf der medialen Diskursebene des Radios sind trotz einer strategischen Verzerrung und Verfärbung einige dieser Kollektivsymbole erkennbar. Auch wenn für Palästinenser Jerusalem nicht mehr zugänglich ist, so ist der Anspruch auf diese Stadt, die in höchsten Ehren gehalten wird, noch nicht aufgegeben. Und obwohl die Bewegungsfreiheit der Palästinenser stark eingeschränkt ist, so ist der Traum eines zusammenhängenden palästinensischen Landes nicht aufgegeben. Und selbst wenn Palästinenser scheinbar bedeutungslos ihr Leben lassen, so wird ihnen in der Bezeichnung als *šahīd* dennoch eine Bedeutung zugestanden, mit der auf eine Konkretisierung des Traumes eines freien Landes Palästina verwiesen wird. Daran ändert auch die Tatsache nichts, dass die Verwirklichung des Traumes durch den stetig voranschreitenden Siedlungsbau in immer weitere Entfernung rückt und vollkommen unrealistisch erscheint. In der Analyse des medialen Landdiskurses wurde hingegen eine strategische Verzerrung und Verfärbung des Interdiskurses offensichtlich. Die Entscheidung, bestimmte Deutungsschemata, in denen sich bestimmte Ansprüche auf das Land offenbaren, aus dem Diskurs zu eliminieren, hat einen Prozess in Gang gesetzt, der weitreichende Folgen hat. Der Traum des freien Palästina wird als ungerechtfertigt erklärt und die vorangegangene Geschichte wird einer Revision unterzogen, mit der die Akzeptanz des herrschenden Kräfteverhältnisses bewirkt werden soll. Der strategische Feldzug hierfür ist die Besetzung des bisher unbesetzten Raumes, in dem sich der palästinensische Wissensvorrat und seine Deutungsschemata erhalten konnte. Am Beispiel der medialen Ebene habe ich untersucht, in welcher Weise das "Land", eine geographische Kategorie, Eingang in den palästinensischen Diskurs gefunden hat. Ich halte es aber in der Betrachtung von Konflikträumen für hilfreich, den Diskurs selber als einen Raum aufzufassen. Die Empirie zeigte, dass der palästinensische Diskurs, in dem der palästinensische Wissensvorrat und seine Deutungsschemata konserviert wurden, einen Freiraum konstituierte, der sich unabhängig von dem wirkenden Diagramm formiert. Mit dem Wye Abkommen wurde die Besetzung dieses Raumes gesetzlich untermauert. Es ist eine Besetzung, die mit gleichem strategischen Kalkül wie die Besatzung des Realraumes durchgeführt wird.

Die Forderung, den Diskurs als einen Raum zu betrachten, bringt Implikationen für die sozialgeographische Raumauffassung für die Betrachtung von Konflikten mit sich. Diese Raumauffassung muss derart gestaltet sein, dass sie den Diskurs als auch den Realraum als aktualisierte Form eines Raumes zulässt. Das heißt, dass der Raum weder prinzipiell in einer sprachlichen Struktur noch prinzipiell materiell ist. Er muss also durch etwas anderes als "Materie" oder "Sprache" definiert werden. Diese Forderung lässt sich erfüllen, indem man auf die Wurzeln des Wortes des platonischen "Chora" zurückgeht. Nach POHL verweist Chora auf etwas, das "weder zum Sein noch zu den Bildern des Seins gehört."[295] Es zeigt auf etwas, das vor der Einteilung in männlich und weiblich, vor der Unterscheidung in Logos und Mythos, vor der Spaltung der Welt in "Aussagen" und "Bilder" zu finden ist. Eine bekannte Übersetzung des Begriffes ist "Abdruckträger", in den hineingeschrieben wird, oder "Behälter", der enthalten kann. Diese Übersetzung hat ihre Folgen in der positivistisch geprägten, heute noch

[295] Jaques DERRIDA zit. nach Pohl, J. 1993: Raumbezogene Identität als sozialgeographisches Problem, in: Meuleman, H./ Elting-Camus, A. (Hg.): 26. Deutscher Soziologentag. Lebensverhältnisse und soziale Konflikte im neuen Europa, Band II, Opladen, S.262

weitverbreiteten Raumauffassung gefunden. Eine besser geeignete Übersetzung sieht **Pohl** in der Übersetzung mit 'Mutter' oder 'Amme':

> "Den in dieser Metapher kommt das dialektische Verhältnis von "Raum/Ort" und "Inhalt" besser zum Ausdruck. ..."Chora" heißt: Von jemandem eingenommener Platz, Land, bewohnter Ort, verzeichneter Platz, zugewiesene Position, Territorium, Region- auch als allgemeiner Ort (**Derrida** 1990, 42). "Chora" ist somit "von Anfang an" ein relationaler Raumbegriff."[296]

"Relational" steht nicht für Zahlenverhältnisse. Vielmehr wird damit eine Zuordnung zu etwas, eine Zugehörigkeit, eine "Inbesitznahme" zum Ausdruck gebracht. Der euklidische Raum, in dem sich Relationen und Funktionen in geometrische Figuren verwandeln lassen, ist eine Abstraktion der Zuordnung eines "Inhaltes" zu einem "Ort" zu einer inhaltslosen Zuordnung von x → y. Der "geographische" Raum steht aber vor dieser Abstraktion und ihm sind auf "Orte" bezogene "Inhalte" immanent. Ein Ort bezeichnet dann "etwas von jemanden eingenommenes", etwas, "auf das sich bezogen wird".[297] In dieser "Relativität", in der Zuordnung ist das sozial-kulturelle Moment enthalten. Denn die Zuordnung vollzieht sich in der bedeutungsgebenden Praxis. Und der Raum fächert sich entsprechend der Zuordnungsfunktion, die durch das Kräfteverhältnis der Macht bestimmt wird, auf.

Dabei fällt auf, dass der sich auffächernde Raum und seine Zuordnungsfunktion meist nicht hinterfragt wird. Jeder geht ganz selbstverständlich davon aus, dass der andere mit derselben Raumauffassung operiert. Ist diese Eigenschaft vielleicht das "Wesentliche" des Raumes? Könnte nicht gerade die "Selbstverständlichkeit" ihn ontologisch definieren, oder ihn zumindest

---

296 Pohl (1993:263)

297 In diesem Zusammenhang ist interessant, daß es im Arabischen keine direkte Übersetzung für den Begriff „Raum“ gibt. Vielmehr gibt es zwei Wörter, zum einen „*fira*“was soviel wie “Weltraum”, den freien Raum bezeichnet und das Wort „*makān*“, was einen Platz, einen Ort bezeichnet. Also auf etwas verweist, das von einem Inhalt eingenommen wird. Raum und Zeit, die beiden alles bestimmenden Kategorien, sind nicht “*fira‘ wa zamān*”, sondern “*makān wa zamān*”, also Ort und Zeit.

teilweise charakterisieren? Könnte es nicht sein, dass die Zuordnung, die die Art der Entfaltung des Raumes bestimmt, gerade deswegen so effektiv ordnet, weil sie als statisch gegeben angenommen wird?

"Raum als Element sozialer Kommunikation": Der Raum wäre dann nicht *irgendein* Element sozialer Kommunikation, sondern jenes Element, welches nicht hinterfragt wird, welches als allgemein gegeben hingenommen wird und nicht zur Disposition steht. Es ist dann nicht so sehr ein Element als vielmehr ein Medium, welches als Bezugspunkt eine Orientierung, eine Ordnung ermöglicht und dadurch die komplexe Wirklichkeit einer Wahrnehmung zugänglich macht. Die Ordnungsfunktion kann er durch die selektive Zuordnung von "Bildern" und "Worten" zu Bedeutungen einnehmen. Dabei werden die Selektionskriterien, die durch das existierende, dynamische Kräfteverhältnis definiert werden, als statisch angenommen. Durch die Selektion, die sich im Kräfteverhältnis der Macht vollzieht, werden zwar auch Orte zu Nicht-Orten gemacht, die dadurch in der Brutalität der Bedeutungslosigkeit versinken. Aber es ist auch genau jene Selektionskraft, die aus dem Chaos und der Kontingenz der Realität eine bedeutungsvolle Welt konstruiert.

Die gilt für den materiellen Raum, der als eine soziale Wirklichkeitskonstruktion bedeutend wahrgenommen wird, und allgemein als die Wirklichkeit schlechthin angenommen wird. Und das gilt auch für die Aussagen, die mit Absolutheitsanspruch als "wahr" oder "falsch" kategorisiert werden, und deren Wahrheit als die Wahrheit postuliert wird. Natürlich sind Aussageproduktion und Wirklichkeitskonstruktion eng miteinander verflochten. Dennoch zeigt die Empirie, dass zur Simplifizierung der Wahrheits- und Wirklichkeitskonstruktion in der Betrachtung von Konflikträumen die Verwendung eines doppelgesichtigen Raumbegriffes hilfreich ist, die den Raum der "Bilder" von dem der "Aussagen" trennt.

Was lässt sich damit für eine *sozial*geographische Raumauffassung folgern? Ich sehe mich nicht im Stande, eine vollständige Raumauffassung zu liefern. Es gibt aber einige Aspekte, die m.E. im Sinne einer "travelling Theory"[298] eine Bewegungsrichtung ausdrücken können:

"Raum" bezieht sich weder auf die Erdoberfläche, noch auf die materielle Welt oder ihre Anordnung. Für diese Bezeichnung schlage ich den Begriff "Realraum" vor.

Raum ist kein Behälter, sondern ein Medium, durch das und mit dem man kommunizieren kann und das als selbstverständlich gegeben angenommen wird.

Dem Raum /Ort ist ein "Inhalt" impliziert, er ist ihm zugehörig, zugeordnet worden.

Raum stellt einen komplexitätsreduzierenden Mechanismus zur Verfügung. Seine Selektionskraft beruht auf dem Verortungspotential. Die Selektionskriterien werden vom gültigen Kräfteverhältnis der Macht definiert.

8.2 Der soziale Konzeptraum

Mit dieser Raumauffassung ist es möglich, andere Räume außer dem Realraum zu identifizieren. So entfaltet sich vor einem ein Raum aus Worten, der sich mit der Streuung der Aussagen einer diskursiven Formation auffächert. Diesen Raum möchte ich einen sozialen Konzeptraum nennen, da in ihm bestimmte Bedeutungen, bestimmten Wörtern, Begriffen, Formulierungen zugeordnet, verortet sind (3), die sozial konstruierte Konzepte bilden.[299] Durch ihn wird die Komplexität der Wirklichkeit simplifiziert, wobei die Selektion von den Strukturen der

---

[298] Said, E. 1983: The World, the Text and the Critic, London, S.226f

Macht vorgegeben werden (4). Sein Boden entsteht aus dem sedimentierten Wissensvorrat, den sozialen Deutungsschemata und Erfahrungen, mit denen die soziale Wirklichkeit konstruiert wird. Die Individuen einer sozialen Gemeinschaft befinden sich im selben Konzeptraum, mit und durch den sie kommunizieren. Sie nehmen ihn als gegeben hin (2), ohne sich ständig über die potentielle Andersartigkeit der Deutung des Gegenübers bewusst zu sein. Vorurteile und Feindbilder finden in ihm genauso ihren Platz, wie die symbolische Bedeutung, die Assoziation, evozierten Emotionen und normativen Bewertungen einzelner Worte und Formulierungen. Er wurde geschichtlich produziert und zeigt sich in der Gegenwart durch Repräsentation. Er verleiht der einzelnen Äußerung und Handlung seinen Sinn und gibt den Worten und Dingen ihre sozio- kulturelle Bedeutung.

> "To belong to a culture is to belong to roughly the same conceptual and linguistical universe, to know how concepts and ideas translate into different languages, and how languages can be interpreted to refer to or to *reference* the world. To share these things is to see the world from within the same conceptual map and to make sense of it through the same language systems."[300]

Betrachte ich den sozialen Konzeptraum als den sozialgeographischen Gegenstand, dann untersuche ich nicht mehr die Landbegriffe im Diskurs, sondern sehe die Landbegriffe als Namen für bestimmte Orte in diesem Konzeptraum, die gleichberechtigt neben anderen Begriffen verortet sind. Ich untersuche nicht mehr den Raum in der Sprache, d.h. die Wörter, die sich auf den Realraum beziehen, sondern die Sprache selber spannt einen Raum auf. "Landscape as a text"[301] wird zu "text as a landscape". Faltungen, Rutschungen, Erosion und Sedimentation, Prozesse, die die Morphologie des Raumes bestimmen, entstehen durch

---

[299] Stuart Hall spricht von "systems of concept" in: Hall (1997:19)
[300] Hall (1997:22)

die Ereignisse, die sich als Erfahrungen niederschlagen und durch die die Worte ihre semantische Aufladung erfahren.

Natürlich hat die Kategorie des sozialen Konzeptraums ihre Grenzen. Der Realraum stellt als Prototyp des Raumes einen Vorrat an Begrifflichkeiten bereit, die sich metaphorisch auf andere Räume übertragen lassen. Mit Hilfe dieser lässt sich

> "... eine erklärungskräftige Struktur aus einem bekannten Erfahrungsbereich in einem anderen anwenden, der entweder noch erklärungsbedürftig ist oder den es neu zu verstehen gilt. Auf diese Weise gibt die Metapher einem unvertrauten oder unzureichend strukturierten Erfahrungsbereich eine neue Klarheit, Offensichtlichkeit und greifbare Gestalt."[302]

Die Kategorie des sozialen Konzeptraumes bietet die Möglichkeit, einen Konflikt aus einer anderen Sicht zu verstehen. Denn genauso, wie ich nur mit jemandem kommunizieren kann, wenn wir an einem gemeinsamen Ort im Realraum sind[303], so kann auch nur dann eine fruchtbare Kommunikation stattfinden, wenn man sich im selben sozialen Konzeptraum befindet, von dem ausgehend man die Dinge betrachtet. Die Schwierigkeit liegt nun darin, wie Menschen mit vollkommen gegensätzlichen Konzepträumen miteinander ins Gespräch kommen sollen. Die Frage ist:

> "[H]ow can we somehow put these different maps of the world into conversation with each other?"[304]

Sicherlich kann ich mit dem Vehikel der Sprache wandern, mich langsam auf dem unvertrauten Gelände eines anderen Konzeptraumes der fremden Sprache vertraut machen. Die Einbeziehung der Kräfteverhältnisse zeigt, dass so eine Wanderung häufig nicht freiwillig stattfindet. So wie Menschen aus ihren Orten, ihrer Landschaft, ihrer

---

[301] Barbes, T./ Ducan, J. 1992: Writing Worlds, London, S. 6

[302] Merten, K. 1983: Inhaltsanalyse, Opladen, S.40

[303] oder Technologien besitzen, die einen gemeinsamen Ort schaffen.

Heimat vertrieben werden, so werden auch Menschen gezwungen, ihren sozialen Konzeptraum zu verlassen. Sie werden herausgestoßen in die Fremde, ins Exil, einer anderen Sprache. Oder ihr Raum wird besetzt und belegt, wodurch sie wie in einem Gefängnis in ihrer Bewegung eingeschränkt werden. Sie können nicht mehr überall hin, weil sie nicht mehr alles sagen können und nicht mehr alle ihre Bedeutungen ausgedrückt werden dürfen.

In Palästina hat sich der Widerstand, trotz der Besetzung des Landes, einen Freiraum geschaffen. Dieser Raum ist der palästinensische Konzeptraum. Im Widerstand ist es den Menschen gelungen, durch die Kreation einer sozialen, kognitiven Welt, der Brutalität des Alltags zu entkommen und die eigene Identität und Würde zu erhalten. Die Objektivierung des sozialen Wissensvorrates und seiner Deutungsschemata fand in dem palästinensischen Interdiskurs, der einzige Raum, der sich der Besatzung entziehen konnte, in einer sprachlichen Form ihre Materialisierung. Diese kognitive Welt war zwar imaginär, hatte jedoch mit dem Anspruch auf Gerechtigkeit, das Ziel und die Forderung einer Konkretisierung. Die Ereignisse der Geschichte, die eng mit den Orten des Landes Palästina verbunden sind, wurden im Widerstand in der emotionalen Belegung der Ortsnamen und des Landes Palästina verwahrt. Palästina, mit all seinen positiven Konnotationen, sollte in der Zukunft auf dem palästinensischen Boden seine Konkretisierung finden. Der palästinensische Diskurs offenbart eine andere soziale Wirklichkeitskonstruktion als es der dominierende Diskurs vorgibt. Das Verständnis für diese Wirklichkeitskonstruktion setzt ein Sich-Einlassen auf diese Wirklichkeit, die sie konstituierende Sprache und die Betrachtung der für sie relevanten Bilder voraus. So kann man die Äußerungen nur verstehen, wenn man neben den Worten auch die sie bedingenden "Bilder" und Äußerungsmodalitäten hinzuzieht und somit den palästinensischen Konzeptraum ergründet.

---

[304] Donna HARAWAY, zit nach Harvey in: Smith (1995: 512)

Aus taktischen Gründen zur Erreichung eines strategischen Ziels wurde mit dem Wye Abkommen die Verbannung einiger Worte, einiger Orte des sozialen Konzeptraumes legitimiert. Es ist, als würden die Palästinenser erneut vertrieben, in ein Gefängnis gesperrt, oder ins Exil einer fremden Sprache verstoßen. Solange der Diskurs, der den dominierenden sozialen Konzeptraum aufspannt, keinen Ort für Palästinenser oder nur den eines "Kriminellen" bereitstellt, solange ist es von enormer Bedeutung, dass diese ihren einzigen freien Raum behalten, in dem Palästina "Palästina" bezeichnet und Akka nicht mit Akko vertauscht wurde. Es ist dieser soziale Konzeptraum, der trotzt der Vertreibung von Haus und Heimat einen "homeplace" im HOOK'schen Sinne konstituiert,

> "which acts as source of self dignity and agency, sites of solidarity in which and from which resistance can be organised and conceptualised."[305]

Die Betrachtung des sozialen Konzeptraums mit Hilfe der Metapher des Realraumes bedeutet jedoch nicht, dass nur noch der soziale Konzeptraum, oder nur der Diskurs von Bedeutung ist und der Realraum vernachlässigt werden kann.

> "Spatial metaphors are problematic in so far as they presume that space is not."[306]

Denn es ist genau das Doppelgesicht des Raumes, der Raum, der von den "Bildern" und von den "Aussagen" aufgespannt wird, das ich für die Betrachtung von Konflikten für notwendig halte.

> "Just as none of us is outside or beyond geography, none of us is completely free from the struggle over geography. The struggle is complex and interesting, because it is not only about soldiers and canons, but also about ideas, about forms, about

---

[305] HOOKS zit. nach: Routledge, P.: A Spatiality of Resistance, in Keith (1997:71)

[306] SMITH und KATZ, zit. nach Moore, D.: Remapping Resistence, in: Keith (1997:88)

images and meanings."[307]

Es ist wichtig, beide Räume ins Blickfeld zu rücken, den der Kanonen und den der Bedeutungen, die Formation der "Aussagen" und die der "Bilder", die beide durch das wirkende Kräfteverhältnis, das Diagramm bestimmt werden. Ich denke, dass für eine Konfliktanalyse die Aufspaltung in zwei Räume, einerseits den Raum der "Bilder", der Ereignisse des Realraumes und andererseits den Raum der "Aussagen", durch den die Ereignisse ihre Bedeutung erhalten, hilfreich ist. Entgegen des existierenden Kräfteungleichgewichtes sind die "Aussagen", die sozialen Konzepträume beider Parteien zu berücksichtigen.

8.3 Die Sozialgeographie als Humangeographie

Die Materialität des Diskurses ist die Sprache, die den Menschen in seiner Ausdrucksmöglichkeit begrenzt, aber gleichzeitig dadurch überhaupt subjektive Macht ermöglicht, mit ihr Aussagen zu formulieren. Der Mensch ist den Worten unterworfen und doch ist er der Ursprung alles Sprechens, aller Aussagen, die den Diskurs konstituieren. Und wie seine Worte, so ist sein Körper in Gefängnissen und Exilen den Machtverhältnissen unterworfen, und doch ist er der Handelnde, der die Ressource aller Repräsentation selber darstellt. Ich habe versucht, beide unabhängig zu betrachten, obwohl weder der Körper ohne Sprache, noch die Sprache ohne Körper existieren kann. Die vorgeschlagene Analyse zweier Räume, der der "Aussagen" und der der "Bilder," ist zwar für eine Konfliktraumanalyse hilfreich, stellt jedoch selber nur eine künstliche Aufspaltung dar. Schon im Betrachter, dem Forscher selber, der nicht nur ein Körper hat, sondern auch einen Körper ist, fällt sie zu einem Menschen zusammen. Die Trennung der Welt in "Aussagen" und "Bilder" ist eine Konstruktion, mit der versucht

---

[307] Said, E. 1993: Culture and Imperialism, New York, S. 7

wird, den Zusammenbruch der Einheit des Seins und seiner Repräsentation zu überbrücken. Um die Widersprüchlichkeiten dieser Betrachtung zu glätten, wäre eine tiefere philosophische Auseinandersetzung von Nöten.

Ich denke, dass die Sozialgeographie, die sich auf der Schnittstelle von Geistes- und Naturwissenschaften befindet, viel zur Betrachtung von Konflikträumen beitragen kann. Und nicht nur das. Sie könnte m.E. als eine "Grenzwissenschaft" philosophische Grundlagen liefern und Konzepte erarbeiten, mit denen sich die Widersprüche der zweiseitigen Perspektive auflösen ließen. Eine ausgearbeitete Raumtheorie, eine "Ontologie des Raumes" könnte vielleicht diese Aufgabe erfüllen. Dazu ist es allerdings notwendig, dass die Sozialgeographie ihre Grenzposition als Stärke erkennt und dass sie bereit ist, sich von einer materiellen Raumauffassung zu lösen. Gerade in der gegenwärtigen Zeit, in der die althergebrachten Wissenschaftsauffassungen zerbröckeln, könnte die Sozialgeographie eine besondere Rolle, nicht nur für die Konfliktforschung, sondern allgemein in der Wissenschaftstheorie spielen. Auf der Schnittstelle zwischen Geistes- und Naturwissenschaft vermag sie am ehesten dazu in der Lage sein, den Zusammenbruch der Trennung des Seins und seiner Repräsentation zu überwinden. Der Weg dorthin könnte vielleicht mit einem anderen Selbstverständnis, in dem sie sich als eine Humangeographie begreift, beschritten werden.

In dem Moment, in dem sich die Sozialgeographie als eine Humanwissenschaft definiert, tritt sie auf jenem Feld, in dem mit dem Erlöschen des klassischen Diskurses der Mensch seiner Integrität beraubt als zwischen Objekt und Subjekt oszillierend erscheint. Ein Wesen, dass einerseits herrscht, handelt und spricht, andererseits aber beherrscht wird, geschaffen wurde, und den Modalitäten der Äußerungsmöglichkeit unterworfen ist. In dem Bild: Las Meniñas

(1656) von Diego **Velasquez**[308] wird diese Oszillation, diese Lücke in dem Zentrum sichtbar. Mit dem Auftauchen des oszillierenden Menschen oder der "leeren Stelle" des Bildes von **Velasquez**, mit dem Zusammenbruch des klassischen Denkens kann man jetzt

> "und zwar bis in die Tiefe hinein die Inkompatibilität begreifen, die zwischen der Existenz des klassischen Diskurses (der sich auf die nicht befragte Evidenz der Repräsentation stützt) und der Existenz des Menschen herrscht, so wie sie dem modernen Denken gegeben wird."[309]

Es ist eine offene Frage, ob sich diese Inkompatibilität zusammenführen lässt, ob ein Denken ohne diese Aufspaltung möglich ist. Ich denke das Potential der Sozialgeographie liegt genau in ihrer Position auf einer Schnittstelle der Perspektiven. Es mag durchaus möglich sein, dass wenn sie genau diese als ihre Identität begreift und verinnerlicht, so dass sie nicht gezwungen ist, die Identität zu ihrem Thema zu machen, sondern einfach ist, wie sie ist; es mag sein, dass sie dann einen Raum bietet, der eine Diskussion von philosophischer Natur eröffnet, welche genau die beiden Wesensunterschiede von Sichtbarem und Sagbaren einbeziehen kann. Ich weiß nicht, ob das möglich ist, denn

> "dass Einzige, was wir im Augenblick mit voller Zuversicht wissen, ist, dass niemals in der abendländischen Kultur das Sein des Menschen und das Sein der Sprache zusammen existieren und sich nebeneinander haben gliedern können. Ihre Inkompatibilität ist einer der fundamentalen Züge unseres Denkens gewesen."[310]

---

[308] Das Bild zeigt das Malen eines Bildes. Ein eigentliches Subjekt in der Mitte fehlt. Dort ist ein leerer Raum, aber durch das Betrachten erkennt man als Betrachter, daß man eigentlich selber das Subjekt, der zu porträtierende ist, da man vom Maler wie zum Porträtieren betrachtet wird und sich auch genau an der Stelle befindet, die für den portraitierten (meist ein König) bestimmt ist. Doch auch das hat keinen Bestand, denn bei genauerem Hinsehen erkennt man in der hinteren Mitte eine Spiegel, der das vom Maler zu porträtierende Subjekt, das sich auf der Position des Betrachters befindet, spiegelt. Das Spiegelbild zeigt natürlich nicht den Betrachter selbst, entreißt ihm den Subjektstatus, sondern das zu erwartende Subjekt: ein Königspaar.

[309] Foucault (1974:407)

[310] Foucault (1974:408)

Es kann sein, dass in dieser Inkompatibilität "eine unauflösliche Kluft (in der genau wir existieren besteht."[311] Es mag sein, dass diese Kluft nicht zu überwinden ist. Aber auch wenn man

> "in unserer heutigen Zeit nur noch die Leere des verschwundenen Menschen denken [kann, stellt] diese Leere kein Manko her, sie schreibt keine auszufüllende Lücke vor. Sie ist nichts mehr und nichts weniger, als die Entfaltung eines Raumes, in dem es schließlich möglich ist zu denken."[312]

9 Nachwort

Die Zeit ist weitergeschritten und in ihr ist die Situation im Nahen Osten eskaliert. Der Sender "Liebe und Frieden" existiert nicht mehr. Das Radio *Ḥubb wa Salām*, das mit dem Ende der ersten Intifada zu senden begonn, hat die Zerstörung der Invasion Ramallahs im März letzten Jahres nicht überlebt. Am Tag der Öffnung der Ausgangssperre nach dieser ersten Invasion konnte ich vor Ort mit ansehen, wie sich Muataz Bseiso und sein Team fassungslos das Ergebnis betrachteten: Das Studio und die drei Arbeitsräume waren verwüstet inklusive aller elektronischen Geräte. Verstärker, CD-Player, Computer und der lebensnotwendigen Transmitter waren zertrümmert.[313] Die zahlreichen CD's und Kassetten waren überall verstreut; kaputtes Inventar und die Papiere der Aktenordner lagen auf dem Boden und an der Wand hing zerissen das mit traditionell-palästinensischem Kreuzstich gestickte Namensschild des Senders: "Liebe und Frieden". Der Sender hat sich davon nicht mehr erholt (geschätzter Schaden $255.000).[314]

---

[311] Foucault (1974:408)

[312] Foucault (1974:412)

[313] Siehe auch Fotos auf dem Web Site des Seders unter : http://www.vlp.org

[314] Schätzungen von dem Media Center der Universität Birzeit (aus einem Interview mit Aref Hijawwi)

Der Transmitter des „staatlichen" Senders *Ṣaut Filasṭīn* wurde im Oktober 2000 zerstört.[315] Von da an sendete er von privaten Radiostationen aus. Als am 19. Januar 2001 das ganze Gebäude des Senders zerbombt wurde[316], benutzte er die Sendemöglichkeiten von Radio Amwaj. Später mietete er sich ein paar andere Räume und einen FM-Transmitter, den er bis heute benutzt.[317]

Radio Birzeit hat versucht auch in der Invasion jeden Tag zwei Stunden zu senden, was in Anbetracht der Ausgangssperren und der damit verbundenen Schwierigkeit die Universität zu erreichen keine leichte Aufgabe war.

Momentaufnahmen. Die Brutaliät, die sich in diesen Ereignissen offenbart, ist nichts weiter als die Praxis einer diskursiven Formation, die im Kampf gegen den Terror ihre Welt gestaltet. In Palästina hat sich der "Fluß von Wissen durch Zeit", der Diskurs entsprechend gewandelt und Begriffe wie *šahīd* verändern mit der steigenden Zahl der Toten, mit den realräumlichen Aktionen, Formationen und den verändernden internationalen Rahmenbedingungen ihre Konnotation.

Hier hat das Denken in binären Kategorien Oberwasser bekommen. Anstatt sich den Fragen zu stellen, die im Widerspruch diese Denkens im Angesicht des angerichteten Grauens hervorbrechen, scheint seine Fähigkeit zu ordnen an Anziehung zu gewinnen.

"Lessons learned"? Ich denke gerade für die zivile Konfliktbearbeitung muss die Herausforderung bestehen bleiben - egal in welcher Disziplin sie sich verortet - ein philosophisches Gedankengebäude zu entwickeln, welches sich einer binären Logik zu entziehen vermag. Die Entwicklungen in Palästina zeigen die Fatalität eine Trennung zwischen Ziel und Mittel. Hier wird besonders die Überzeugungskraft der Praxis

---

[315] Siehe http://www.pal-soft.com/palestine/pbceng.htm

[316] Siehe http://news.bbc.co.uk/1/hi/world/middle_east/1769547.stm

als Aussage der eigenen Philosophie deutlich. Diese kann nicht mit Worten überpinselt und verleugnet werden, sondern formiert eine eigene Aussage, die unwiderruflich im Raum stehen bleibt. Somit fällt, wie bereits gesagt, die Trennung zwischen "Wort" und "Ding" im eigenen Sein zusammen.

[317] Interview mit Aref Hijjawi vom Media Center Bir Zeit (Februar 2003)

LITERATURVERZEICHNIS

Zitierte Literatur:

Abels, H. 1998: Interaktion, Identität, Präsentation. Kleine Einführung in interpretative Theorien der Soziologie, Opladen.

Abu 'Umar, S. 1999: Die journalistische Ausbildung ... die Wirklichkeit und die Herausforderungen (*Al-tadrīb al-i'lāmī .... al-wāqi'a wa-t-taḥaddiyāt*) in: *As-Sarāǧ*, Nr.1, S.6

Abu Ayyash, G. 1995: Palestinian television and identity. From negation of existence to affirmation of identity, in: Guglielmelli, F.: Reinventing Television, o. O.

Abu Samiah, M. 1999: Israel benutzt die palästinensische Frequenz (*Isra'īl tastaḥdam al-'amwāǧ al-filasṭīniyya*) in: *As-Sarāǧ, Nr.1, S.17*

Abu Shanab, H. 1988: Palästinensische Medien (*Al-'i'lām al-filasṭīnī*), Amman.

Abu Zahra, 'A: 1997: Die privaten Fernseh- und Radiosender: Ein Zustand des Chaos... oder der medialen Vielfalt?! (*Maḥatāt al-talfaza wa-l-radīū al-ḫaṣa: ḫāla fawḍa ... 'am ta'addud i'lāmī ?!*) in: *Saḥāfī*, April, Nr.1

Abu Zayyad, Z. 1997: Land: The Core of the Conflict, in: Palestine- Israel Journal, Vol.4, No.2

Agnew, J.A. 1996: Human Geography, Oxford.

Al-Dawîk, 'U. (Hg.) 1999: Das Presse und Publikationsrecht. Studien und kritische Bemerkungen, (*Qānūn al-maṭbū'āt wa-l-našir. Dirasāt wa mulāḥaẓāt naqdiyya*), Ramallah.

Al-Halwâni, M. 1982: Arabischer Hörfunk (*'Iḏā'āt al-'arabī*), o. O.

Al-Khatib, N./ Al-Baghouthi, H./ Ghazlân, 'A./ Mahmûd, R./ Raghib, J. 1995 Der Journalismus auf dem Weg, das professionelle Niveau zu heben (*Aṣ-ṣuḥuf fī-l-tārīq ẓāda al-mustawa al-mihaniyya*), Ramallah.

Al-Kisawânî, M. 1997: Die palästinensische Gesellschaft ist es nicht gewohnt, sich vor den Journalisten zu enthüllen (*Al-muǧtama' al-filasṭīnī lam ya'tad 'an yaktašif nafsihi 'amāma aṣ-ṣaḥāfa*) in: *Ṣaḥāfī, April, Nr.1, S. 3*

Anderson, B. 1993: Die Erfindung der Nation. Zur Karriere eines folgenreichen Konzepts, Frankfurt am Main.

Applied Research Institute Jerusalem (ARIJ) (Hg.) 1999: Monthly Reports on the Israeli Colonisation Activities in the West Bank [http://www.arij.org]

Applied Research Institute Jerusalem (ARIJ) (Hg.) September 1997: Behind the Policy of House Demolition: Why Here and now? [http://www.arij.org/]

Aruri, N. 1999: The Wye Memorandum: Netanyahu's Oslo and the Unreciprocal Reciprocity, in: *Journal of Palestine Studies Vol.28, No.2, S.17-28*

As-Salihi, B. 1993: Fakten der lokalen Presse, in: Husary, R./ Al-Khalili, A./ Al-Salihi, B. (Hg.): Die palästinensische Presse zwischen Gegenwart und Zukunft (*Aṣ-ṣaḥāfa al-filasṭīnī bayna al-ḥāḍir wa-l-mustaqbal*) Ramallah.

Barbes, T./ Ducan, J. 1992: Writing Worlds, London.

Berger, P./ Luckmann, T. 1969: Die gesellschaftliche Konstruktion der Wirklichkeit, Frankfurt am Main.

Bogdan,R./ Taylor, S. 1975: Introduction to Qualitative Research Methods, New York.

Bookmiller, K./ Bookmiller, R. 1990: Palestinian Radio and the Intifada, in: *Journal of Palestinian Studies, Vol.19, No.4, S.96- 105*

Boyd, D. 1993²: Broadcasting in the Arab World. A Survey of the Electronic Media in the Middle East, Lexington.

Center for Monitoring the Impact of Peace (Hg.) 1998: Palestinian Authority School Text Books, o.O. [http://www.edume.org]

Charter of the Islamic Resistance Movement (Hamas) of Palestine, in: *Journal of Palestine Studies, 27, (1993), S.122-134*

Deleuze, G. 1987: Foucault. Frankfurt am Main.

Dowmunt, T. 1993: Channels of Resistance, London.

Entman, R. 1993: Framing: Towards Clarification of a Fractured Paradigm, *Journal of Communication, Autumn, S.51-58*

Farha, S. 1999: Dr. Khatib: Das Gesetz verlangt von den Journalisten ihre Quellen preiszugeben, *(D. Khatib: Al-qānūn yulsam aṣ-ṣaḥāfiyyn bi-l-kašf ʿan maṣāḍir maʿlūmātihim)* in: *As-Sarāǧ, Nr.1*

Fischer, M./ Sauberer, M. (Hg.) 1987: Gesellschaft – Wirtschaft – Raum. Beiträge zur modernen Wirtschafts- und Sozialgeographie. Festschrift für Karl Stiglbauer, Wien

Flick, U. 1996: Qualitative Forschung. Theorien, Methoden, Anwendungen in Psychologie und Sozialwissenschaften, Reinbek.

Flick, U./ Kardorff, E./ Keupp, H./ Rosenstiel, L./ Wolff, S. (Hg.), 1991: Handbuch. Qualitative Sozialforschung, München.

Flusser, V. 1998: Medien. Kultur, Frankfurt am Main.

Foucault, M. 1974: Die Ordnung der Dinge, Frankfurt am Main.

Foucault, M. 1976: Überwachen und Strafen. Die Geburt des Gefängnisses, Frankfurt am Main.

Foucault, M. 1980: Power/Knowledge, Brighton.

Foucault, M. 1981: Archäologie des Wissens, Frankfurt am Main.

Foucault, M. 1988[2]: Der Wille zum Wissen. Sexualität und Wahrheit 1, Frankfurt am Main.

Foucault, M. aus der Hommage an Michel Foucault 1987: Michel Foucault. Eine Geschichte der Wahrheit, München.

Foundation for Middle East Peace (FMEP) (Hg.) 1998: Report on Israeli Settlements in the Occupied Territories. A Bimonthly Publication, Vol.8, No.6 [http://www.fmep.org]

Foundation for Middle East Peace (FMEP) (Hg.) 1999: Report on Israeli Settlements in the Occupied Territories. A Bimonthly Publication, Vol.9, No.1-4 [http://www.fmep.org]

Free Voice (Hg.) 1999: Mißbräuche gegen die Freiheiten des Journalismus auf palästinensischem Boden. Jahresbericht 1998 (*Intihakāt ḥurriyya aṣ-ṣaḥāfa fi-l-ʾarāḍ al-filasṭīniyya. Taqrīr as-sanawī 1998*), Ramallah.

Galtung, J./ Ruge, M. H. 1965: The structure of foreign news, in: *Journal of International Peace Research, No.2, S.64-91*

Gamson, W. 1989: Media Discourse and Public Opinion on Nuclear Power: A Constructivist Approach, *American Journal of Sociology, Vol.95, No.1, S.1-37*

Girtler, R. 1992: Methoden der qualitativen Sozialforschung, Wien.

Haleem, A. 1999: Understanding the Qur`ân: Themes and Style, London.

Hall, S. 1994: Rassismus und kulturelle Identität, Hamburg.

Hall, S. 1997: Representation. Cultural Representations and Signifying Practices, London.

Haraway, D. 1996: Situated knowledges: The science question in feminism and the privilege of partial perspective, in: Agnew, J.A.: Human Geography, Oxford. S.108-128

Hard, G. 1987: Auf der Suche nach dem verlorenen Raum, in: Fischer, M./ Sauberer, M. (Hg.): Gesellschaft – Wirtschaft – Raum. Beiträge zur modernen Wirtschafts- und Sozialgeographie. Festschrift für Karl Stiglbauer, Wien. S.24-38

Hartmann, K. (Hg.) 1969: Vorurteile. Ihre Erforschung und ihre Bekämpfung, Frankfurt am Main.

Heinritz, G./ Helbrecht, I. (Hg.) 1998: Sozialgeographie und Soziologie, in: *Münchner Geographische Hefte 78*; Passau.

Hessische Stiftung Friedens- und Konfliktforschung (HSFK) (Hg.) 1975: Friedensanalysen. Für Theorie und Praxis 1. Schwerpunkt Feindbilder, Frankfurt am Main.

Hubb wa Salâm (Hg.) 1. März 1999: Wissenswertes über das Radio Hubb wa Salâm, (*Ta'rīf bi-l-'iḏā'a ṣawt al-ḥubb wa salām*) , Ramallah.

Hubb wa Salâm: Regelmäßiges Sommerprogramm 1999 (*Barnāmaǧ ad-dawriyya aṣ-ṣayfiyya)*. 10.5.99-30.9.99, Ramallah.

Human Rights Watch (Hg.) 1998: An Analysis of the Wye River Memorandum, New York, in: *Journal of Palestine Studies, Vol.28, No.2, S.163*

Hunziker, P. 1988: Medien, Kommunikation und Gesellschaft. Einführung in die Soziologie der Massenkommunikation, Darmstadt.

Husary, R./ Al-Khalili, A./ Al-Salihi, B. (Hg.): Die palästinensische Presse zwischen Gegenwart und Zukunft (*Aṣ-ṣaḥāfa al-filasṭīnī bayna al-ḥāḍir wa-l-mustaqbal*), Ramallah.

Jackson, P. 1997: Geography and the cultural turn, *Scottish Geographical Magazine, Vol.113, No.3, S.186-188*

Jäger, S. 1993: Kritische Diskursanalyse. Eine Einführung, Duisburg.

Jamîl, W. 1999: Die Palästinensische Nachrichtenagentur (*Wakāla al-'anbā' al- filasṭīṭīniyya*) in: *As-Sarāǧ, Nr.1*

Jayyussi, S. 1977: Trends and Movements in Modern Arabic Poetry, Leiden.

Jerusalem Media and Communication Center (JMCC) (Hg.) 1989: Reporting Harassment. Israeli Restrictions of Press Freedom in the West Bank and the Gaza Strip, Jerusalem.

Jerusalem Media and Communication Center (JMCC) (Hg.) 1998: Public Opinion Polls No.29 B. On Palestinian Media, East Jerusalem.

Kanafani, G. 1968: Palästinensische Widerstandsliteratur unter der Besatzung *(Al-'adab al-filasṭīnī al-muqāwama taḥta l-iḥtilāl)*, Beirut.

Khalîlî, 'A. 1990: Die palästinensische Presse und die Intifada *(Aṣ-ṣaḥāfa al-filasṭīnīa wa-l-intifāḍa)*, o. O.

Khûri, M. 1995: Arabisch für Ausländer *(Al-luġa 'arabiyya lī-l-aġānib)*, Birzeit.

Kim, T. 1992: Realitätsprinzipien und Kommunikationsmodelle. Eine Studie zur Grundlegung der notwendigen Bedingungen der zwischenmenschlichen Kommunikation und zum Aufbau von Kommunikationsmodellen in der Wirklichkeit, Münster.

Kleinig,G. 1995: Lehrbuch entdeckende Sozialforschung. Band I. Von der Hermeneutik zur qualitativen Heuristik, Weinheim.

Klüter, H. 1986: Raum als Element der sozialen Kommunikation, *Gießener geographische Schriften, Nr.60,* Gießen.

Kong, L. 1995: Popular Music in Geographical Analyses, in: *Progress in Human geography, Vol.19, No.2, S.183- 198*

Krakotzkin, A. 1999: The Textbook Debate, in: *News from Within, December, S.5-9*

Krieg, R. 1998: Kultur und nationale Identität, in: *Kulturpolitische Mitteilung, Nr.81*

Krieg, R./ Wünneberg, D. 1995a: Dokumentation: Ausbildung von palästinensischen Fernsehteams in Jerusalem, Göttingen.

Krieg, R./ Wünneberg, D. 1995b: Ausbildung von RadiojournalistInnen und RadiotechnikerInnen in den palästinensischen Gebieten. Dokumentation, o.O.

Kuttab, D. 1993: Palestine Diaries, in: Dowmunt, T.: Channels of Resistance, London.

Langer, F. 2000: Palästina. Frieden mit Gerechtigkeit? In: *Wissenschaft und Frieden 4/99-1/00 S.47-58*

Lassen, K./ 'Auwad, A.1996: Radiojournalismus *(Ṣaḥāfa al-radīū)*, Ramallah.

Link, J. 1982a: Einleitung, in: *KultuRRevolution Nr.1, S.3*

Link, J. 1986: Noch einmal: Diskurs. Interdiskurs. Macht, *kultuRRevolution, Nr. 11.*

Link, J.:1982b: Kollektivsymbolik und Mediendiskurse, *kultuRRevolution Nr.1*

Link, J: 1983: „Diskurs“ und/oder „Ideologie“?, *kultuREvolution, Nr.4, S.46-48*

Löffelholz, M. (Hg.) 1993: Krieg als Medienereignis. Grundlagen und Perspektiven der Krisenkommunikation, Opladen.

Massey, D./ Allen, J./ Sarre, P. (Hg.) 1999: Human Geography Today, Cambridge.

Matless, D. 1992: An occasion for geography: landscape, representation and Foucault's corpus, in: *Environment and Planning D: Society and Space, Vol.10*

Mayring, P. 1996³: Einführung in die qualitative Sozialforschung. Eine Anleitung zu qualitativem Denken, Weinheim.

Merten, K. 1983: Inhaltsanalyse, Opladen.

Merten, K./ Schmidt, J./ Weischenberg, S. (Hg.) 1994: Die Wirklichkeit der Medien, Opladen.

Musa, I.: 1998: The Palestinian Media System, Columbia, (unveröffentlichte Arbeit zum Master's Degree of Arts)

Nasir, M. 1997: Die palästinensischen Universitäten bieten neuen Schwerpunkt in Journalismus und Medien an (*Al-ǧāmiʿāt al-filasṭīniyya taṭraḥa taḫaṣaṣāt ǧadīda fī ṣ-ṣaḥāfa wa-l-iʿlām*) in: *Sahāfī*, *April, Nr1, S.2*

Newman, D. 1997: Israeli Security: Reality and Myth, in: *Palestine- Israel Journal , Vol.4, No.2*

Newman, D./ Shehadeh, R./ Avnery, U./ Matar, I./ Seidemann, D./ Dweik, M.1997: The Struggle for Land, *Palestine- Israel Journal, Vol.4, No.2*

Palästinensisches Informationsministerium (Hg.): Die aktiven Fernsehstationen (*Maḥaṭṭāt at-tilifisiūniyya al-ʿāmila*), ohne weitere Angaben.

Palästinensisches Zentrum für Menschenrechte (Hg.) *1997*: Kritische Bemerkungen zu dem Druck- und Veröffentlichungsrecht von 1995 (*Mulāḥaẓāt naqdin ʿalā qanūn al-maṭbūʿāt wa-l-našr 1995*), in: *Sahāfī, April, Nr.1, S. 28*

Palestinian Independent Commission for Citizen's Rights PICCR (Hg.) 1999: Fourth Annual Report. 1.January 1998 to 31 December 1998, Ramallah.

Palestinian Media Watch (Hg.) 1999: Palestinian Media Incitement Since Wye. Nov.1998-Feb. 1999, Jerusalem.

PBC (Hg.) 1996a: Das Radio und das Fernsehen (*Al-'iḏā'a wal-tilifizīūn*), Heft 2, Ramallah.

PBC, Office of Chairman (Hg.) o.J.: Palestinian Broadcasting Corporation, o. O.

PBC, Public Relations Office (Hg.) o.J.: Palestinian Broadcasting Corporation (PBC), Ramallah.

PBC, Public Relations Office (Hg.)1996: The Palestinian Broadcasting Corporation, Ramallah.

PBC, Public Relations Office (Hg.)1998: Palestine Television, Ramallah.

Philo, C. 1991: „Enough to drive one mad": the organization of space in 19th-century lunatic asylums, in: Wolch, J./ Dear, M. (Hg.): The Power of Geography. How territory shapes social life, Berystwyth.

Philo, C. 1992: Foucault's Geography, *Environment and Planning D: Society and Space, Vol. 10, S. 137-161*

Pile, S./ Keith, M. 1997: Geographies of Resistance, London.

Pohl, J. 1993: Raumbezogene Identität als sozialgeographisches Problem, in: Meuleman, H., Elting-Camus, A. (Hg.): 26. Deutscher Soziologentag. Lebensverhältnisse und soziale Konflikte im neuen Europa, Band II, Opladen. S.380-383

Remarks at the White House Signing Ceremony, Washington, 23. October 1998, in: *Journal of Palestine Studies Vol.28, No.2*

Rose, G. 1999: Performing Space, in: Massey, D./ Allen, J./ Sarre, P. (Hg.): Human Geography Today, Cambridge.

Routledge, P. 1997: A Spatiality of Resistance, in Pile, S./ Keith, M. 1997: Geographies of Resistance, London.

Said, E. 1978: Orientalism, London.

Said, E. 1983: The World, the Text and the Critic, London.

Said, E. 1993: Culture and Imperialism, New York.

Said, E. 1994: The Problem of Textuality: Two Exemplary Positions in Smart, B. (Hg.): Michel Foucault. Critical Assessments, Volume II, London, S.88-123

Saut Filastîn (Hg.): Das neue regelmäßige Programm vom 1.5.-31.8.'99 (*Al-dawra al-barāmiğiyya al-ğadīda 'i'tibāran min 1.5.1999 - 31. 8.1999*), o.O.

Scholl, A./ Bobbenkamp, C. 1993: Gibt es einen dritten Weg? Alternative Medien und das Konzept „Gegenöffentlichkeit“, in: Löffelholz, M. (Hg.) 1993: Krieg als Medienereignis. Grundlagen und Perspektiven der Krisenkommunikation, Opladen, S.229-245

Schwartz, M 1997: Atallah Amira: Died with the Deed in His Hands in: *Challenge, Jan.-Feb, No.41*

Shehade, R. 1997: Land and Occupation: A Legal Review, in: *Palestine-Israel Journal, Vol. 4., No.2, S.26f*

Smart, B. (Hg.) 1994: Michel Foucault. Critical Assessments, Vol.II, London.

Smith, N. 1995: Nature, politics, and possibilities: A Debate and Discussion with David Harvey and Donna Haraway, *Environment and Planning D, Society and Space, No.13, S.502-527*

Smith, S. 1994: Soundscape, in: *Area, Vol.26, No.3, S.232-240*

Soja, E. 1999: Thirdspace: Expanding the Scope of the Geographical Imagination. Massey, D./ Allen, J./ Sarre, P. (Hg.): Human Geography Today, Cambridge.

Spöhring, W. 1995: Qualitative Sozialforschung, Stuttgart.

Steinberg, P./ Oliver, A. 1990: The Graffiti of the Intifada: A Brief Survey, Jerusalem.

Stokes, M. 1994: Ethnicity, Identity and Music. The Musical Construction of Place, Oxford.

Urasnah, Y.: 1997: Für eine freie palästinensische Presse: Die Presse zwischen Ausdrucksfreiheit und Angst vor der Autonomiebehörde *(Min ʾağli ṣaḥāfa filasṭīniyya ḥurra: aṣ-ṣaḥāfa bayna ḥurrīyat al-taʿbīr wa-l-ḫawf min as-sulṭa)* in: *Ṣahāfī, April, Nr.1, S.8*

Usher, G. 1996: The Politics of Internal Security: The PA’s New Intelligence Services, in: *Journal of Palestine Studies, Vol. 25, No.2, S.21-34*

Usher, G. 1999: Barak’s bridge to nowhere, in: *News from Within, Juli 1999, S.32-34*

van Dijk, T. 1997: Discourse as Social Interaction. Discourse Studies: A Multidisciplinary Introduction, Volume 2, London.

Wagenlehner, G. (Hg.) 1998: Feindbild. Geschichte, Dokumentation, Problematik, Frankfurt am Main.

Watzal, L. 1994: Frieden ohne Gerechtigkeit? Israel und die Menschenrechte der Palästinenser, Köln.

Werlen, B. 1993: Gibt es eine Geographie ohne Raum? Zum Verhältnis von traditioneller Geographie und zeitgenössischer Gesellschaften, in: *Erdkunde, Bd. 42, Heft 4, S. 241-255*

Werlen, B. 1998: Wolfgang Hartke – Begründer der sozialwissenschaftlichen Geographie, in: Heinritz, G./ Helbrecht, I. (Hg.): Sozialgeographie und Soziologie, *Münchener Geographische Hefte 78,* Passau, S. 15 - 42

Wiedemann, P. 1991: Gegenstandsnahe Theoriebildung, in: Flick, U./ Kardorff, E./ Keupp, H./ Rosenstiel, L./ Wolff, S. (Hg.) 1991: Handbuch. Qualitative Sozialforschung, München, S.440-445

Wolch, J./ Dear, M. (Hg.): The Power of Geography. How territory shapes social life, Berystwyth.

Wolfsfeld, G. 1997: Media and political Conflict. News from the Middle East, Cambridge.

Yassin, A. 1991: The press and political life in Palestine 1907-1948, *Aswar. Palestinian Culture Quarterly*

Sonstige Quellen:

Interviews mit Journalisten des Hörfunkes: Ṣawt Filasṭīn

GHADWÂN ABU AYYASH Experteninterview am 14.Juni 1999
Vorsitzender des PBC (Tonbandaufzeichnung)

YUSIF QAZZAS Experteninterview am 22.Juni/16. Juli 1999
Programmdirektor (Tonbandaufzeichnungen)

HAMID QÂDÛS Experteninterview am 29.Juni 1999
Journalist bei PBC (Tonbandaufzeichnung)

Interview mit Journalisten des Hörfunkes: Ḥubb wa Salām

MUTAZ BSEISO Experteninterview am 28.Juni 1999
Direktor (Tonbandaufzeichnung)

OZAINA ABBAS Experteninterview am 11. / 28.Juni 1999
Co-Direktor (Protokoll und Tonbandaufzeichnung)

Interviews mit weiteren Journalisten:

ROBERT KRIEG Freier Radiojournalist/ Leiter des Ausbildungskurses für Radiotechniker und Radiojournalisten	Experteninterview am 4.Mai 1999 (Protokoll)
DAOUD KUTTAB Direktor Institute of Modern Media/ Chefredakteur Al-Quds Educational TV	Experteninterview am 19.05.1999 (Tonbandaufzeichnung)
NABHAN KREISHEH Leiter Media Resource Center	Experteninterview am 9.Juli 1999 (Protokoll)
KHALED GHOULI Mitarbeiter/ freier Journalist Media Resource Center	Gespräche im Media Resource Center im Juni/Juli 1999 (Notizen)
DANIELA KHALAF Journalistin Middle East Broadcasting Center/ Professorin Universität Birzeit	Experteninterview am 31.Mai 1999 (Protokoll)
AMIRA HASS Westbank Korrespondentin Ha'aretz	Experteninterview am 9.Juni 1999 (Protokoll)

Interviews mit Experten zum Rechtsstatus der Medien:

QAIS JABARIN Rechtsanwalt The Palestinian Independent Commission for Citizens' Rights	Experteninterview am 20.Juni 1999 (Protokoll)
MUHAMMAD NAJIB Vorsitzender Free Voice	Experteninterview am 23.Juni 1999 (Protokoll)

MUHAMMAD SULAIMAN
Direktor
Informationsministerium

Experteninterview am 03.Juli 1999
(Tonbandaufzeichnung)

Öffentliche Veranstaltungen:

Dokumentarfilm: „Roads to Peace", Tel Aviv 1999

„Roads to Peace" dokumentiert ein gemeinsames Treffen israelischer und palästinensischer Journalisten auf Rhodos im Sommer 1998. Dieser von Israelis gedrehte Film wurde am 10. Juli 1999 im Kulturzentrum Sakakini in Ramallah gezeigt. Im Anschluß fand eine Diskussion über den Film statt. Vier palästinensische Journalisten, die bei dem Treffen in Rhodos dabei gewesen waren und somit im Film präsentiert wurden, waren anwesend. Der Film stellte die palästinensischen Journalisten aus einer israelischen Perspektive dar. Das führte anschließend zu einer heftigen Diskussion mit dem Vorwurf gegen die Journalisten, sich instrumentalisieren zu lassen, wobei sie sich als Medienfachleute doch über die Macht der Präsentation bewußt sein müßten. Ferner blieb die Frage offen im Raum, warum es zwar einen journalistisch anspruchsvollen israelischen Film, jedoch keinen palästinensischen Film gäbe.
(Protokoll der Diskussion)

„Media and Peace"

Eine Podiumsdiskussion, die am 24. Juni 1999 in West- Jerusalem mit Jörg Bremer (FAZ); Gisela Dachs (DIE ZEIT), Judy Dempsy (Financial Times) und Ghassan Khatib (Palestine Report) stattfand. In dieser Diskussion wurde die Schwierigkeit, ja der Unmöglichkeit der Formulierung eines Sachverhaltes hervorgehoben, in der die Perspektive beider Seiten zum Ausdruck kommt. Das ungleiche Machtverhältnis der beiden Seiten war deutlich zu spüren. Kein einziger Palästinenser, außer der auf dem Podium, war auf Grund der Lokalisation in West-Jerusalem anwesend.
(Tonbandaufzeichnungen)

ANHANG I

Auszüge aus der möglichst wörtlich übersetzten Transkription der Diskursfragmente

1. Die Fragmente aus den Sendungen von *Ṣawt Filasṭīn* am 3. Juni 1999

a) Exzerpte aus dem Morgenmagazin: Filasṭīn Ṣabāḥ al-Ḫaīr (Palästina, Guten Morgen!) von 9.30 Uhr bis 11.00 Uhr, inklusive der 10 Uhr Kurznachrichten

Stimme (*tief*): Grüße und Liebe an alle Teilnehmer, Bürger und Bürgerinnen und Verantwortliche des Tages der Wut! Grüße an alle Teilnehmer am Tag der Wut des palästinensischen Volkes, der wieder ein Bild von Palästina herstellt; ein Bild der Freiheit, *Musik (A) wird eingespielt*, das verweist auf die Befreiung des Vaterlandes, von der Besiedlung, von der Besetzung.
Musik: Fairuz

Grüße an den Kollegen Samil Khurshid und Ana Hamami aus der Hörfunkproduktion, den schönsten Morgen Euch!
Musik: Fairuz: Chor; Musik (A)

Ich wünsche Euch schöne Momente mit uns und mit unserem Programm: Palästina, Guten Morgen, welches es jetzt geben wird mit dem Kollegen Ibrahim el-Himm.
Musik (folklore)
Jingel

El-Himm (Mod.): Gesegnet sei euer Morgen, an diesem palästinensischen Tag der Wut, der Tag des Sieges, des Rechtes über die Lüge/ den Trug (*ḥaqīqa ʻalā bāṭil*) und des Vaterlandes über die Besatzung (*al-waṭan ʻalā l-'iḥtilāl*) und der stabilen Wahrheit (*al-ḥaqīqa aṯ-ṯābita*) über die Hochmut/Arroganz (*ġaṭrasa*)
Musik: Fairuz

Guten Morgen Palästina, wer ist bei uns?

Samira: Ich Samira [...]

Mod.: Guten Morgen!

S.: Guten Morgen, ja, Palästina, guten Morgen für Jerusalem, guten Morgen unserem Volk, der Helden. Ich möchte ein Gedicht vortragen, ein Gedicht an Jerusalem:

(über das Heldentum der Männer)
Musik: Fairuz

Mod.: Guten Morgen!

Tubassi: Guten Morgen, Bruder Ibrahim, hier ist Na`im al-Tubassi!

Mod.: Herzlich willkommen Herr Tubassi!

T.: Ja, em, ja...

Mod.: Bitte schön, Herr Präsident der Journalistengenossenschaft!

T.: Ja also, an diesem Tag, [...] grüße ich unser palästinensisches, heldenhaftes Volk...

Mod: ...ja...

T.: ... in den palästinensischen Straßen, in jedem palästinensischen Dorf, in jedem Flüchlingslager, in jeder Stadt, und sie haben mit uns Teil an dieser allgemeinen Auflehnung/Aufbruch der Volksmassen (*habba al-ǧamāhīrī*) gegen diesen Dämon, diesen Dämon der Besiedlung (*ġūl al-'istīṭān*), der auf die Judaisierung (*tahwīd*) des palästinensischen Bodens abzielt, auf die Judaisierung von Jerusalem und der Heiligkeiten, der es darauf abzielt, unser ganzes Land (*'arḍunā*) zu verschlingen, und alle unsere Heiligkeiten zu verschlingen.

Und wahrlich: ich richte die Grüße an diesem Tag an alle palästinensischen Journalisten, an alle Orte, im Hörfunk und im Fernsehen, und hinter [...], auch hinter der Kamera und [Grüße an] die, die ihre edlen Stifte emporheben. Sie schreiben heute über die Palästinenser. Sie dort sind die Wächter mit dem schützenden Wort, Wächter der palästinensischen Erinnerung an die Geschichte. Zu Euch sagen wir: [Ihr] habt geschrieben, mit den Buchstaben des Lichtes für Palästina, und [für] seine Heiligkeiten und seinen Ländereien! Wir verlassen heute die Journalistengenossenschaft für die Teilnahme an den Aktivitäten mit Euren Stiften, und den Linsen eurer Kamera und mit euren Medien in diesem palästinensischen Massenaufbruch (*habba al-ǧamāhīrī*). Um des Landes willen und gegen diesen besiedelnden Dämon, der zum Ziel hat, das Land unserer Väter und Großväter zu verschlingen, *dramatisch* der die Judaisierung Jerusalems und der Heiligkeiten und der palästinensischen Ländereien [zum Ziel hat].

Nun, dieser Tag, er ist euer Tag, der Tag aller Palästinenser. [Er ist] der Tag der Verweigerung der Besiedlung, der Tag der stolzen palästinensischen Stellung, in dem die gegenwärtige palästinensische Stimme zur gesamten Welt aufrufen wird. [..] Gegrüßt seid Ihr, oh meine Brüder! Und gegrüßt seien eure Stifte in

Jerusalem und Hebron und Nablus, und Gaza und Ramallah und Jenin, und Jericho und Tulkarim und Qalqilia und Bethlehem !

Mod.:Ja!

T.: Und [gegrüßt sind diejenigen,] in allen Orten im besetzten Palästina. Wir sagen [das], um im Rundgang hinter dem Zeichen/Hinweis unserer Führung und unseren Führern, dem Präsident Abu 'Umar [Arafat] in Jerusalem, der Hauptstadt des palästinensischen Staates anzukommen. Ich sage den Massen: die Israelis müssen lernen und auch Barak [muß es lernen], dass Jerusalem auf Ewigkeit die Hauptstadt des palästinensischen Volkes bleiben wird (*al-quds satabqā al-'āṣimatu li-'abādiyya*).

Mod.: Danke Bruder Na'im, und auch [danke für] diese Grüße an alle Kollegen des Journalismus, die diesen Donnerstag, den Tag der Wut, aktiv mitgestalten!

T.: Segne Euch Gott, und ich wünsche allen Journalisten, so Gott will, allen Palästinensern, unserem ganzen Volk alles Gute. Hoffentlich [sind wir] in der Zukunft im Schatten des palästinensischen Staates.

Mod.: Hoffentlich! *(in šā' allah)*

T. Auf Wiedersehen!

Mod.: Auf Wiedersehen!
Musik: `Unadikum (unādikum Ich ruf Euch!) von Ahmad Qabur

Mod.: Palästina Guten Morgen, wer ist mit uns?

Shawwar: Hassan Shawwar aus Nablus ist hier!

Mod.: Herzlich Willkommwn Hassan Shawwar,

S.: Zu diesem Anlaß, dem Tag der Wut möchte ich Euch ein Gedicht (*qaṣīda*) darbieten, deren Titel ist: Verteidige uns Gott!

Mod.:: Bitte schön:

S.: *(Gedicht, verteidige uns Gott und helft uns ihr Araber!)*

Musik: `Unadikum
Jingel

Mod.: Wir sind bis 11Uhr mit euch. Es ist jetzt [gleich] 10Uhr und wir gehen mit Euch zu den Stellungen der wütenden Massenmärschen, die heute, am Donnerstag der Wut losgezogen sind, um ihre Ablehnung gegen die Besiedlung der palästinensischen Ländereien, auszudrücken. Es werden unseren Korrespondenten aus allen Bezirken mit uns sein, durch die wir ein Klangbild

(*ṣūra ṣawtiyya*) der Massenmärsche der Wut mitteilen werden.
Musik: Majda Rumi

Und es folgen jetzt die zehn Uhr Kurznachrichten. Euer Ibrahim El-Himm.
Musik: Majda Rumi
Jingel der 10 Uhr Kurznachrichten

Nachrichtensprecher: Meine Damen und Herren, möge Euer Morgen gesegnet sein. Unsere Uhrzeit ist jetzt genau zehn Uhr und das ist die Verlautbarung der Kurznachrichten (*mūǧaz al-'anbā'*).

Der Landsmann Yusif Naji Abu Sharkh hat am heutigen Morgen im Bezirk Hebron von den Kugeln der israelischen Besatzungsmacht den Märtyrertod erlitten. Shahim Ayyan (?) versicherte, dass ein terroristischer Siedler das Feuer auf den Landsmann eröffnete habe, als die Besatzungsmacht die Festnahme seines Kollegen Khalid Isterada (?) durchgeführt hat. Überall in den Bezirken der Nation wurde zu friedlichen Massenmärschen aufgerufen, zur ersten populären (*ša'biyya*) Aktivität gegen der israelischen Ausweitung der Besiedlung. Und Märsche des palästinensischen Tags der Wut sind von dem Zentren der Städte losgegangen in Richtung der ausgewiesenen Ländereien, die von der kolonialen Besiedlung bedroht sind. Es erfolgt der friedliche Marsch der Wut als Erfüllung der Entscheidung der palästinensischen Nationalkonferenz, die unter der Leitung Präsident Yasir Arafats in der Stadt Ramallah am vergangenen Sonntag abgehalten wurde.

Es hat sich heute im besetzten Jerusalem ein allgemeiner Handelsstreik im Rahmen der populären (*ša'bī*) und nationalen Bewegung am palästinensischen Tag der Wut gegen die Politik der israelischen Erweiterung der Siedlungen ereignet. Der Korrespondent unseres Hörfunks sagt, dass sich seit gestern Morgen eine große Streitkraft des Besatzungsheeres verbreitet /ausbreitet, überall in den Stadtvierteln des Ra`s al -'Amûd in der heiligen Stadt. Heute Vormittag organisierte die israelische Bewegung: ‚Frieden jetzt' einen Protest gegen die Fortsetzung der Ausweitung der Besiedlung auf dem Jabal Abu Ghanaim, südlich von dem besetzten Jerusalem. Es sei erinnert, dass die israelische Bewegung: ‚Frieden jetzt' mit einer Delegation an der fünften Nationalkonferenz zur Konfrontation der Besiedlung teilgenommen hat.

Das Durchführungskomitee der Organisation zur Befreiung Palästinas hat in seiner Sitzung gestern Nacht unter dem Vorsitz des Herrn Präsidenten Yasir Arafat in Ramallah mit einigen Komitees der Entscheidung der letzten Zentralversammlung zugestimmt. Salim Qanun, Vorsitzender der palästinensischen Nationalversammlung stellt klar, dass sich unter diesen Komitees, das Komitee [...] und das Komitee zur nationalen Einheit befinden. [...] Diese Komitees haben die Politik der Besiedlung, der die besetzten palästinensischen Ländereien ausgesetzt sind, und ihre Wege der Konfrontation diskutiert und gleichzeitig warnen sie vor den zerstörerischen Konsequenzen dieser Politik für den Friedensprozeß. Das Durchführungskomitee ruft die neue israelische Regierung dazu auf, ihre Entscheidungen der Besiedlungsmaßnahmen zu ändern als ein wahrhaftiges Zeichen der Achtung ihrer Verpflichtung (*'iltizāmuhā*) und ihrer Beibehaltung des friedlichen Weges. In seiner Bekanntmachung drückt das Durchführungskomitee seine hohe Wertschätzung gegenüber dem populären und nationalen Standpunkt gegen die Besiedlung aus und ruft gleichzeitig alle Bürger zur aktiven Teilnahme am palästinensischen Tag der Wut auf, der den nationalen Weg und das Recht unseres Volkes in der Errichtung seines unabhängigen Staates und seiner Hauptstadt, das edle Jerusalem, verteidigt.

Es empfing Yasir Arafat den amerikanischen Konsul in Jerusalem, gestern Nachmittag. [...]

Im Süden des besetzten Libanon ... *(Es folgen Auslandsnachrichten- kurz)*

b) Die Regionalnachrichten um 18 Uhr

Jingel
Moderator: Seid gegrüßt und segne Euch Gott. Es folgen die zweiten detaillierten Regionalnachrichten des Tages.

Nachrichtenjingel
Mit der Nachrichtensprecherin: Riem Ghazali

Riem Ghazali: Guten Abend mit *Ṣawt Filasṭīn*, das Euren Ehren die zweiten detaillierten Regionalnachrichten dieses Tages präsentiert.

Es erlitt diesen Morgen im Bezirk Hebron der Landsmann `Ala Yusif Abu Sharkh aus [...] durch die Kugeln eines israelischen Soldaten an einem Militärcheckpoint den Märtyrertod. Es erwies sich als richtig wie Idrîs [...] unserem Radio mitteilte, dass der Soldat auf das Auto feuerte, während [der Insasse] auf dem Weg zu seiner Arbeit war. Unser Korrespondent stieß im Krankenhaus zu [ihm], während der Landsmann Khalid Asamadra (?), der das Auto gefahren hatte, in dem `Ala Abu Sharkh den Märtyrertod erlitt, festgenommen wurde.

Recht palästinensischer Arbeiter [...] Zur Diskussion über das Recht der palästinensischen Arbeiter ist hinzuweisen, dass mehr als 20 palästinensische Arbeiter, durch die Kugeln der Besatzung und der Siedler seit '96 den Märtyrertod erlitten haben. [...]

Drei und dreißig Landsleute sind- zwischen ihnen Tote - mit unterschiedlichen Verletzungen auf den friedlichen Massenmärschen getroffen worden, die heute in den verschiedenen Bezirken der Nation losgezogen, um die Entscheidung der fünften Nationalkonferenz zur Konfrontation der Besiedlung (*muwāǧaha al-'istīṭān*) zu erfüllen. Es hatte diese Konferenz den heutigen Tag zum nationalen Tag der Wut gegen die Besiedlung, die von Israel ausgeweitet werden, erklärt.

Im besetzten Jerusalem gab es einen allgemeinen Handelsstreik in der Stadt, worauf die israelischen Soldaten mit Waffengewalt vorgehen. Das Stadtviertel Ra`as al-'Amûd wurde abgeriegelt und den Bürgern wurde mit Schüssen mit scharfer Munition verboten, zu den zur Enteignung bestimmten Ländereien zu gehen.

Im Bezirk Gaza sind drei Landsleute mit Verletzungen getroffen worden. Das geschah durch die Eröffnung des Feuers seitens eines Besatzungssoldaten, wobei noch 15 andere [..] während des friedlichen Massenmarsches in der Nähe der Gräber der Märtyrer im Süden Gazas getroffen wurden.

In dem Bezirk Tulkarem ist während einer Konfrontation der Bürger mit den Besatzungssoldaten ein Landsmann in der Nähe des Dorfes Shufa mit Verletzungen getroffen worden. [Das ist] ein Resultat des Aufstandes der Kolonisierten gegen die Kolonisation. [Es ist in Aufstand, der sich zeigt] in dem aufgebrachten Massenmarsch zu den zur Enteignung bestimmten Ländereien des Dorfes.

In dem Bezirk Hebron sind drei Landsleute mit verschiedenen Verletzungen während der Konfrontation zwischen den Landsleuten und den Besatzungssoldaten auf der Straße Shalâla in der Stadt Hebron getroffen worden.

In dem Dorf Daîr Qaddîs in dem Bezirk Ramallah und Bireh litten vier Landsleute, während des Massenmarsches, der heute Mittag von der Schule des Dorfes in Richtung des Gipfelgebietes der zur Enteignung bestimmten Ländereien - auf denen eine neue Kolonie errichtet werden soll- loszog, [aufgrund des eingesetzten Tränengas] an Atemnot.

In dem Bezirk Bethlehem organisierten Landsleute einen friedlichen Marsch, der aus der Mitte der Stadt in Richtung der Moschee Bilal (?) im Norden der Stadt loszog, wo die Stellungen der Besatzungssoldaten die Wege vor dem Marsch versperrten.

In dem Bezirk Jenin wurde den Landsleuten bei ihrer Ankunft auf den zu raubenden Ländereien mit einem bösen Angriff der Kolonialisten entgegen getreten. [Der Weg war] mit vielen Militärcheckpoints besetzt, die von der israelischen Besatzungsmacht aktiviert wurden, um die Ankunft der Landsleute am vereinbarten Ort der Ländereien zu verhindern.

Im Bezirk Qalqilia haben Landsleute einen friedlichen Marsch organisiert, der sich gegen die israelischen Tätigkeiten der Besiedlung auf den palästinensischen besetzten Ländereien richtet.

Im Bezirk Nablus ist eine Massendemonstration losgezogen, deren Teilnehmer [...] dem Besiedlungsangriff gegen das palästinensische Land entgegentreten.

Der Präsident Yasir Arafat hat Dankesgrüße von Abdallah empfangen. Yasir Arafat und der saudi-arabische Amir [...] beiden Völkern [...]

Der Präsident Yasir Arafat empfing heute Morgen in der Stadt Ramallah eine Delegation der Union der palästinensischen Lehrer. Es ging in dem Treffen um den Zustand und die Entwicklung der Bildung.

Er hat auch in der Anwesenheit des deutschen Botschafters Herrn Abdallah Franji eine Delegation von deutschen Männern empfangen. Sie haben sich ihre Zusammenarbeit in verschiedenen ökonomischen Bereichen zwischen Palästina und Deutschland versichert.

Zur Fortführung der verschiedenen populären (*ša'biyya*) Aktivitäten in der Opposition zu der sich ausweitenden israelischen Besiedlung hält das Nationalkomitee zur Konfrontation der Besiedlung eine allgemeine Konferenz in dem Ort Assir (?) in dem Bezirk Jericho ab. Das Komitee rief in einer Bekanntmachung, die die populären (*ša'bī)* und offiziellen Organisationen, die an der Konferenz teilnahmen, geschrieben hatten zur Konfrontation der Besiedlung und zum Schutz des Bodens vor der Gefahr seiner Vernichtung/Zerstörung auf. *Nachrichtenjingel*

Meine Damen und Herren, von *Ṣawt Filasṭīn* hat Euch dargeboten die zweiten detaillierten Nachrichten dieses Tages, vielen Dank für ihre Aufmerksamkeit. Auf Wiedersehen Riem Ghazali.

Nachrichtenjingel
Musik: Umm Kalthum

2. Das Diskursfragment aus Ḥubb wa Salāms Sonderprogramm am 3. Juni 1999 von 9.30 Uhr bis 10.30 Uhr

Mutaz Bseiso (Mod.): Wir sind noch da mit Euch ihr Lieben, mit dem Radio *Ḥubb wa Salām* auf der Welle 94.2 FM aus Ramallah. - *Musik* - Die Nationalversammlung, die am 30.05.'99 in Ramallah tagte, hat entschieden, den Siedlungen entgegenzutreten *(muwāǧaha al-'istīṭān)*, was vom höchsten Koordinationskomitee bestätigt wurde. Die nationalen Streitkräfte *(quwa al-waṭaniyya)* und die Aktivitäten (sic!) im Bezirk Ramallah und Bireh rufen zu einem gemeinsamen, friedlichen Marsch *(sīra)* auf, der nach Daîr Qaddîs gehen wird. -Musik- Der Versammlungsort der Leute aus den beiden Städten Ramallah und Bireh, aus den umgebenden Flüchtlingslagern (*muḫayyamāt al-muḥīta*) und den östlichen Dörfern des Bezirkes ist der Kreis im Zentrum um 12 Uhr mittags, am Donnerstag den dritten sechsten. Und die Teilnehmer des Marsches aus den nördlich und westlichen Dörfern und Städten und des Süden des Bezirkes werden direkt nach Daîr Qaddîs gehen. - *Musik* - Kein Friede mit den Siedlungen - *Musik* - Die Transportmittel sind gesichert. Mit Euch geht mit Live-Übertragung das Radio: *Ḥubb wa Salām*. – *Musik* - Mit uns ist jetzt live dabei der Bruder Marwan al-Barghouthi, Mitglied der Parlament und Leiter der Bewegung zur Befreiung der palästinensischen Nation Fatah, Guten Morgen.

Barghouthi: Guten Morgen!

Mod.: Die besten Grüße, Bruder Marwan!

B.: Ich grüße zurück!

Mod.: Was stellt der palästinensische Tag der Wut dar?

B.: Zuerst wie Sie wissen, ist die Vereinigung der Kräfte, der Organisationen, Aktivitäten und Personen, des Parlaments und der Vertreter der [Streit]Kräfte und der Parteien für die Nationalversammlung zur Konfrontation der Siedlungen vor einigen Tagen zusammengekommen. In dieser Konferenz... hhm... wurden einige Entscheidungen beschlossen. Die wichtigste davon ist der öffentliche Aufruf zur Konfrontation der Siedlungen und die Ermutigung zu Aktivitäten einer gemeinsamen Volksbewegung in der Konfrontation des israelischen Dämon (*ġūl*) der Siedlungen.

Mod.: Ja.

B.: Und wirklich wird entsprechend unserem öffentlichen Aufruf beginnend mit dem Donnerstag der Anfang des breiten Feldes des nationalen (*waṭaniyya*) Feldzuges in der Konfrontation der Siedlungen stattfinden. Und dieser nationale Feldzug zur Konfrontation der Siedlungen beginnt am Donnerstag, aber er ist nicht nur auf diesen Tag beschränkt. *(energisch)* Und das ist, was ich denke, was ich betonen muß, und worauf ich gut und mit Deutlichkeit aufmerksam machen muß...eh.m... Ich glaube, dass dieser Tag der Anfang ist. Das Losbrechen der populären (*šaʿbī*) Konfrontation gegen die Siedlungen ist eine Sache die auch die palästinensische Führung zur Verantwortung zieht und die politische Führung beeinträchtigt eine klare Entscheidung zu treffen und die Verhandlungen zu stoppen. [Sie soll] nicht mit den Endstatus Verhandlungen beginnen, bevor sich die israelische Regierung, wer auch immer diese Regierung ist, dazu verpflichtet fühlt (*ʾiltizām*) die Siedlungen zu stoppen. Denn sie [die israelische Regierung soll] nicht mit uns zusammensitzen, um die Verträge zu unterzeichnen, während sie unseren Boden raubt und die palästinensischen Ländereien stiehlt (*nahb al-ʾarḍ wa salb al-ʿarāḍ al-filasṭīniyya*). Und zweitens, der Tag er ist... eh... als Anfang eines Losbrechens einer populären (*šaʿbiyya*) Bewegung [zu sehen]. [Er ist] ein Ausdruck für die gemeinsame, unaufhörliche Standpunktes (*mawqif*) unseres Volkes. Und es fängt dieser Tag nicht [nur] an, vielmehr ist er im Rahmen der gemeinsamen Bewegung, die nicht aufgehört hat sich immer der Besatzung zu widersetzen und Widerstand gegen die Siedlungen zu leisten in verschiedenen Formen und unterschied *–Schnitt-*

Mod.: Dann, dann ist der Tag eine Zunahme/Steigerung (*ẓiyāda*)?

B.: Ja. Ja, dieser Tag ist der Anfang von einer ganzen Reihe von Märschen und von Bewahrungen (*iʿtiṣāmāt*), von Demonstrationen und Veranstaltungen und Streiks auf den verschiedenen Gegenden der palästinensischen Böden. [Er ist] ein Anfang eines Widerstandes gegen diese terroristische, kriminelle israelische Arbeit (*ʿamal*), die durch die Siedlungen dargestellt wird und ... wir hoffen, dass dieser nationale Angriff lange andauern wird, auf alle Weisen, auf alle Wege und mit allen Mitteln im Widerstand gegen die Siedlungen. [Wir hoffen, dass der Angriff] den Widerstand mit allen Maßnahmen [unterstützen wird] und zur Verwirklichung des Projektes [beiträgt], welches das internationale Recht dem Volk zusteht, [dem Volk,] das unter Besatzung fällt und dem Ungerecht auf seinem Land geschieht, und dessen Land zur gleichen Zeit vergewaltigt wird.

Mod.: Herr Baghouthi, Mitglied des Parlamentes und auch Vertreter der Bewegung Fatah, werden sich die Gewichte verändern, nachdem jetzt neu Barak und nicht mehr Netanyahu an der Regierung ist?

B.: Naja, zuerst, wir hoffen, dass das so ist. Aber bezüglich des palästinensischen Volkes gilt als wirklicher Standard das, was auf dem Boden ersichtlich wird und nicht das, was es an öffentlichen Erklärungen hört.

Mod.: Ja.

B.: Das heißt öffentliche Erklärungen reichen nicht aus. Diese gegenwärtigen internationalen Gespräche mit der neuen Regierung Barak [reichen nicht aus]. Ich denke, da gibt es viele öffentliche Erklärungen. Aber bis jetzt haben wir noch keinen klaren und eindeutigen Standpunkt von der neuen Regierung,

Mod.: Ja.

B.: ... oder von dem Präsident der neuen Regierung Ehud Barak bezüglich des Themas des Siedlungsbau gehört. Der Prüfstein wird sein, dass Herr Barak bekannt gibt, das Siedeln zu stoppen und es einzufrieren. Und das er einen mutigen Entschluß faßt, die Verträge zu implementieren und in die Endstatusverhandlungen eintritt. Wir hoffen, dass es nicht so weiter geht wie mit der Likud Regierung und mit Netanyahu. Was uns betrifft ist das, was auf dem Boden passiert, was wir an Stoppen des Bodenraubes (*nahb*) und des Bodendiebstahls *(salb)* und Siedlungserweiterung fühlen, das ist das, nach dem wir zwischen dieser zur vorherigen Regierung unterscheiden und differenzieren.

Mod.: Dann Bruder Marwan, was wird auf den palästinensischen Straßen an diesem Tag sein?

B.: Ja also, ich glaube, dass der Tag des ganzen palästinensischen Volkes – *im Hintergrund: Piepsen*- am Anfang einer neuen Etappe ist, in der es beginnt der ganzen politischen Welt und der neuen israelischen Regierung zu vermitteln, dass es das nicht mehr ertragen kann, was es bis jetzt erträgt, und dass der Friede unmöglich ist mit dem Bodenraub und den Siedlungen und den Hauszerstörungen in der Stadt Jerusalem.

Mod.: Jawohl!

B.:...und ein Friede setzt voraus, dass dieser Terrorismus, diese Kriminalität gestoppt wird, der sich mit Drohung von Stärke (*quwa*) vollzieht und mit Drohung von Waffen wird der Boden konfisziert (*muṣādira al-'arāḍ*) und werden die Siedlungen (*mustawṭan*) erweitert und neue Siedlungen errichtet und die Stadt Jerusalem judaisiert und die Institutionen geschlossen. Und drittens glaube ich, dass dieser Tag ein Ausdruck des Standpunktes ist, den das palästinensische Volk in der kommenden Zeit erreichen wird. Wir hoffen, dass dieser palästinensische Ruf, und diese palästinensische Stimme der Wächter (*ḥāris*) des wirklichen Friedens sein wird. Und das Ohren in Tel Aviv und Ohren in Washington hinhören werden, und dass Ohren in der internationalen öffentlichen Meinung existieren werden. Denn die einzige, die die Verantwortung für die explosive Stimmung trägt, ist die israelische Regierung und nicht das palästinensische Volk.

Mod.: Ja, ganz vielen Dank, Bruder Marwan Barghouthi, Mitglied des Parlamentes Leiter der Bewegung zur Befreiung der palästinensischen Nation (*waṭan*) al- fatah. Dir vielen Dank.

B.: Danke.- *Musik*-

Mod.: Wir sind mit Euch Lieben, das Radio *Ḥubb wa Salām*, und mit uns ist live dabei Salih Ghafat, Leiter von der Demokratischen Union Fida, Guten Morgen Salih!

Ghafat: Guten Morgen Bruder Muataz! Grüße an Dich und an die gesamte Redaktion des Radios *Ḥubb wa Salām*!

Mod.: Vielen Dank und schönen Morgen, Herr Salih, der palästinensische Tag der Wut, was bedeutet dieser für Dich?

G.: Dieser Tag, das ist die Fortsetzung und Fortführung der vergangenen Tage [Zeiten]. [Eine Fortsetzung] der verschiedenen vergangenen Jahre, in denen Konfrontationen der Söhne unseres Volkes in verschiedenen Bezirken der Nation (*waṭan*) gegen die israelische Herrschaft (*sulṭa*) und gegen die Siedler stattfanden.

Mod.: Ja.

G.: Dieser Tag heute, der Donnerstag [ist ein besonderer Tag]. An ihm wird das palästinensische Volk seine Botschaft dem israelischen Volk und der vergangenen israelische Regierung und auch der-

Mod.: kommenden -

G.: israelischen Regierung und der ganzen Welt verkünden. [Diese ist,] dass das palästinensische Volk zur Konfrontation der Besatzung und zur Konfrontation der Siedlungen entschlossen ist. Und das, dass palästinensische Volk nicht zu läßt/erlaubt, dass man seinen Boden raubt (*tunhab 'arḍo [ahu]*) und Jerusalem judaisiert (*tawhīd al-quds*) und Israel fortsetzt die Ländereien zu konfiszieren (*muṣādirāt al-'arāḍ*) und den Bau von Siedlungen und die Erweiterung der Errichtung der Siedlungen übermäßig steigert.

Mod.: Ja... das will sagen ...

G.: kurz gesagt, das heißt, unsere Botschaft ist: Kein Friede mit der Fortsetzung Israels mit der 'Judaisierung' Jerusalems (*tahwīd al-quds*) und der Ausbreitung (*tawsi'a*) der Siedlungen überall auf den palästinensischen, besetzten Ländereien (*'arāḍ al-filasṭīniyya al-muḥtalla*).

Mod.: Ja. Eh, Herr Salih, [..] deiner Meinung nach, ist das die höchste Grenze, die die israelische Regierung und die Gruppen der Siedler in dem Prozeß der Landenteignung erreicht hat? Ist das der größte Anteil bezüglich der Enteignung der Ländereien und ihrer Vergewaltigung innerhalb der Geschichte Palästinas und der Geschichte der Besatzung ?

G.: Ja, natürlich, und besonderes in letzter Zeit, hat die vergangene Regierung Netanyahu planmäßig eine Kette von Schritten zur Besiedlung in Jerusalem veranlaßt. Es gibt eine Ausübung der Arbeit in Jabal Abu Ghunaim, eine Ausübung der Arbeit in Ra`s al-'Amûd, hunderte von Dunums werden im Osten Jerusalems konfisziert, um die Siedlung Ma'ale Adumin mit der Baladiyeh Olmart (?) zusammenzubringen, und es gibt eine Kette von Enteignungen in verschiedenen Gebieten der Westbank. Und es gibt Operationen, [die planen] die bestehenden Siedlungen (*mustawṭanāt al-qā'ima*) auszuweiten und den Bau von neuen Punkten zu fördern.

Mod.: Ja.

G.: ... so weit, dass eine Stufe, eine hohe Stufe der Gefährlichkeit erreicht wurde. Die Fortsetzung der israelischen Tätigkeiten sind nicht rechtens [illegal], sie widersetzten sich allen Urteilen der allgemeinen Versammlungen, der Vereinten Nationen und ignorieren unverschämt die palästinensisch-israelischen Verträge. Es fordert von uns allen - in allen Gebieten, im Gazastreifen und den gesamten Bezirken der Westbank- dass wir der Besiedlung gegenübertreten, der Herrschaft der Besatzung gegenübertreten und dass unsere Botschaft verständlich ist. [Es fordert,] dass wir nicht mit dem Friedensprozeß fortführen, während die Bulldozer in Jerusalem und überall auf den palästinensischen, besetzten Ländereien operieren. Von dort fordern wir, von der zukünftigen Regierung Baraks, dass sie die Besiedlung in Jerusalem und der palästinensischen, besetzten Ländereien vollkommen stoppt. Und dass die gesamten Entscheidungen, die die Regierung Netanyahu, die rechtsradikale Regierung und die Regierung der Siedler getroffen hat, gestrichen werden. [Wir fordern,] dass die Regierung Barak alle Entscheidungen streicht, die zu Landenteignungen und zur Erweiterung der Siedlungen führen, wie z.B. die letzten Entscheidungen bezüglich Ra`s al-'Amûd und Jabal Abu Ghunaim und bezüglich der gegenwärtigen Landenteignungen zwischen Jerusalem und der Siedlung Ma'ale Adumim.

Mod.: Ja. Herr Salih Gharafat, Leiter der Demokratischen Union Fida, ist eine Verbesserung der Situation mit der neuen Regierung Likud Barak zu erwarten?

G.: Jede zukünftige israelische Regierung, die in ihre Koalition die wirkliche Siedlungspartei der vergangenen Jahre hinein nimmt, wird die vorherigen Regierungen fortsetzen. Und alle Aussprüche Baraks, die Maßnahmen der israelischen Politik zu verändern, entpuppen sich nur als Wahlpropaganda. Jede Regierung die Mifdal, die Siedlungspartei, mit hinein nimmt und auch Sharon, der die Besetzung der Berge der West Bank nach der Unterzeichnung des Wye River Vertrages gefordert hat [vertritt keine andere Regierungspolitik]. Er [Sharon] ist der Ingenieur der Siedlungen der vergangenen Jahre in dieser Likudregierung. Es zeigt sich klar, dass Barak genau solche Verdrehungen macht wie Netanyahu und den Friedensprozeß andauern läßt. Er zwingt die Wirklichkeit auf die Erde (*'arḍ*) durch die Judaisierung Jerusalems und die Erweiterung der Siedlungen. Und deswegen sagen wir, alles kommt am Ende auf uns selber an, auf das palästinensische Volk, die palästinensische Führung. Die brüderlichen arabischen Staaten haben einen große Niederlage des Friedensprozesses. Denn es gibt keinen Frieden mit der Fortsetzung dieser Operationen der Bulldozer und den Landenteignungen und den Erweiterungen der Siedlungen in Jerusalem oder Hebron oder in Ramallah oder im Golan-

Mod.: Ja-

G.: ... dem besetzten. Wenn Barak ernsthaft an einer Fortführung eines Friedensprozesses mit dem palästinensischen Volk, mit Syrien, mit dem Libanon und der arabischen Nation interessiert wäre, müßte er über eine andere Koalition nachdenken. Und das heißt, im Grunde genommen kommt alles auf die Art und Weise der Leitung, dem Vermögen der palästinensischen und arabischen Führung an.

Mod.: Ja. Dann ist deine Meinung gegenüber der neuen israelischen Regierung unter Ehud Barak bis jetzt nicht klar, Herr Salih, Leiter der Bewegung der Demokratischen Union Fida. Was möchtest Du sagen, was für eine Ansprache richtest Du an das palästinensische Volk?

G.: Hier sind Worte an unser Volk in verschiedenen Bezirken der Nation (*waṭan*) und an unser Volk im Ausland. Die Fortführung des Gefechtes (*niḍāl*) und der Kampf ist kontinuierlich. Es gibt keine isolierte Aktion, die die Besiedlung beenden kann, die die Besatzung beenden kann. So muss die Arbeit der Verhandlungen mit der Arbeit des gesamten Volkes, mit der direkten Konfrontation der Siedlungen und der Besatzung auf dem Land (*'arḍ*) vervollständigt werden. Ich rufe alle Kräfte auf, und die Organisationen und nationalen Maßnahmen, um konkret auf dem Boden eine gemeinsame nationale Vorwärtsbewegung zu erreichen, um die Siedlungen zu stoppen, die Judaisierung zu stoppen und die israelische Regierung zur Einhaltung der palästinensisch - israelischen Verträge und der internationalen Rechtsentscheidungen zu zwingen. Meine Forderung an diesem Tag richtet sich auch an die Leitungen der Organisationen und an die Führung der nationalen, palästinensischen Autorität (*sulṭa*) parallel/gleichzeitig vorzugehen. Die Parallelität gibt den Instrumenten die Stütze und unterstützt die Besitzer der Ländereien, die zur Enteignung bestimmt wurden und der benachbarten Ländereien. [Sie ermöglicht] die notwendigen Maßnahmen zu ergreifen, um die Siedlungen zu boykottieren, die Arbeit von Seiten der Arbeiter, Steinproduzenten und Unternehmer zu stoppen. [...] Es kann nicht sein, dass die palästinensische Lage [so] bleibt, ohne dass die Europäische Union, welche zur Verharrung des Baus von Siedlungen aufgerufen hat, diese Lage erkennt. Der Siedlungsbau ist in allen Orten des Handels (*maḥallāt tiǧāriyya*) anzutreffen, in Ramallah, in Hebron in Nablus und in Gaza. Wir müssen bereits den Anfang der Besiedlung (*mustawṭanāt*) verhindern.

Mod.: Ja. Salih. Dir vielen Dank.

G.: Und vielen Dank Euch, dem Radio *Ḥubb wa Salām*.

Mod.: Auf Wiedersehen.
Musik

Mod.: Und mit Euch, meine Lieben, ist das Radio *Ḥubb wa Salām*, am palästinensischen Tag der Wut und mit uns ist live dabei, Khadar El-'Alam der Direktor des Komitees zur Verteidigung des palästinensischen Landes, Guten Morgen, hallo?... Hallo, bist du da..?...*Musik*

Und es ist mit Euch meine Lieben das Radio *Ḥubb wa Salām* auf der Welle 94.2 FM Stereo aus Ramallah.
Musik: Marcel Kalifeh

Mod.: Und mit Euch, meine Lieben, ist das Radio *Ḥubb wa Salām*. Mit uns ist live dabei, Khadar El-'Alam der Direktor des Komitees zur Verteidigung des palästinensischen Landes, Guten Morgen, Khadar,

El-'Alam: Guten Morgen.

Mod.: Grüße von der Stimme *Ḥubb wa Salām*, Bruder Khadar, was bedeutet der palästinensische Tag der Wut?

E.: Dieser Tag ist die Erweiterung der vorangegangenen Tage. Dieser Tag ist aus der palästinensischen Nationalversammlung hervorgetreten, um der Besiedlung und den Siedlungen und Hausdemolationen entgegenzutreten. Die Situation innerhalb Israels ist eine Veränderung des Gesichtes, aber keine Veränderung der Politik. Es war ein Rennen zwischen Likud und der Arbeiterpartei. Wir, als Palästinenser, vor uns steht deutlich ein klares Bild und zwar der Kampf zeichnet sich auf dem Boden ab und es gibt keinen [anderen] außer diesen.

Mod.: Ja.

E.:.. eh.. der Tag der Wut glaube ich, kommt ein bißchen zu spät.

Mod.: Warum?

E.: Er hätte vor einer langen Zeit stattfinden sollen, denn die lange Geschichte Netanyahus und seiner Siedlungspolitik und der Hauszerstörungen hat einen sehr gefährlichen Weg eingeschlagen.

Mod.: Was ist deine Meinung, warum ist er zu spät?

E.: Er ist zu spät, weil die zionistische Verheimlichung auf dem palästinensischen Boden nicht vor den Verträgen innehält.

Mod.: Ja.

E.: Sie benutzen die Beduinen, zerstören die Häuser, erweitern die Besiedlung. [Sie benutzen] die umschlungenen Wege, die alle verborgen sind. Sie beginnen bei Hebron und hören in Rabi (?) auf, beginnen in Jericho und hören in Tel Aviv auf. Diese verschlungenen Wege zeigen eine klare Situation. Es zeigte sich, dass das Militär dauernd da ist, weil die Straßen verschlungen sind. In Daîr Qaddîs wurde die Böschung zur Breite von 20 Metern von dem Boden.

Mod.: Ja.

E.: ... und Salfit all unsere Ländereien wurden geraubt. Bezogen auf den Frieden, von dem man redet, sind nur wir diejenigen, die an ihn festhalten. Die andere Seite achtet den Frieden nicht.

Mod.: ...dann, dann ist die Lage...

E.: Bevor die Tinte getrocknet ist, verkündet Netanyahu die vier ‚Neins'. Und jetzt kommt Barak mit den zionistischen Parteien, um eine andere Regierung mit Likud zu bilden.

Mod.: Ja.

E.: Es gibt keine Hoffnung, dass wenn diese Regierung mit ihre Führung und ihrer Rolle vom Frieden spricht es etwas anderes ist als nur Gerede.

Mod.: Ja, dann Khadar El-'Alam, Direktor des Komitees zur Verteidigung des palästinensischen Landes, dann ist die Lage gefährlich, sehr gefährlich und wir sind zu spät in diesem Feldzug, in diesem Feldzug der Wut, dem Tag der Wut, dem palästinensischen Tag der Wut. Aber es kann sein, dass es besser ist zu spät zu sein als, überhaupt nicht. Was möchtest Du der palästinensischen Straße für ein Wort entgegnen, an diesem Tag?

E.: Den Presseagenturen und Fernsehanstalten [sage ich], dass die Anklage der Gerichtshöfe und die Verträge nicht die Siedlungen stoppen werden können. [Ich merke], dass das palästinensische Volk zu lieben lernen muß, sein Land mit den Möglichkeiten in seinen Händen zu verteidigen.

Mod.: Dann vielen Dank Khadar El-'Alam, Direktor des Komitees zur Verteidigung des palästinensischen Landes und viel Erfolg so Gott will.

E.: Danke auch an das Radio *Ḥubb wa Salām*.

3. Das Diskursfragment aus der Sendung des Radio Birzeit 92,10FM am 8. Juli 1999, 16Uhr

Khalid El-Qasim (Moderator): Hier ist das Radio Birzeit 92, 10 FM - *Musik* - und viel Spaß dabei, mit dem, was Euch Khalid El-Qasim darbietet. Zuerst kommen die Nachrichten, dann eine Berichterstattung über den Besuch des Präsidenten nach Kairo, und dann ein Feature über den Wadî Kâna und die Besiedlung, und dann das Kulturprogramm: Die Lüge in der arabischen Literatur.

[Es folgen die Nachrichten, die Berichterstattung]

Wir erinnern Euch: Wir sind im Radio Birzeit 92,1 FM und willkommen in der Programmreihe: Palästinensische Situationen, wo wir in dieser Sendung das Gebiet Wadî Kâna in Salfit besuchen. Nicht als ein Ausflug, sondern um in Kürze die Kunst der israelischen Besatzung in der Zerstörung der Natur zu sehen.

(*O-Ton alter Mann*) [...]

Moderator: Die Geschichten des palästinensischen Bodens und der israelischen Besatzung sind zahlreich und verschiedenartig. (Vögelgezwitscher und Wasser im Hintergrund) Von der Zerstörung der Schönheit der Natur und der Entkleidung/ Beraubung der Wälder von ihrem Grün bis zur Entwurzelung fruchttragender Bäume, der Verschmutzung des Wassers und der Vernichtung der einfachen Bebauung des Landes (*ẓira'a basīṭ*) [Subsistenzwirtschaft]. Und das ist, was man sieht im Gebiet Wadî Kâna im Bezirk Salfit. Es gab fünf Wasserquellen in diesem Tal, und vier von ihnen sind ausgetrocknet und nur ein schwacher bleibt [übrig]. Er leidet unter Trockenheit. [...] Yusuf Mansur, ein Sohn der 70 Jahre', ist der Ernährer von 25 Leuten und wohnt mit seiner Familie in Wadî Kâna unter einer Baracke aus Wellblech, die von ein paar Steinen getragen wird, ohne anderes Material. Er wehrt sich gegen die Besatzung und die Zerstörung, seit 20 Jahren.

Yusuf Mansur *(O-Ton)*: Also ich, und meine Kinder, und meine Enkelkinder und mein - Vater, und mein Großvater und der Vater meines Großvaters leben hier seit 300 Jahren. Dann kamen die Juden, mehrere Male im Jahr '82. Wir hatten ein Haus und sie haben es demoliert. '89 hatten wir zwei Zimmer errichtet und sie haben sie abgerissen. So sind wir also obdachlos geworden. Jetzt müssen wir in dieser Baracke leben, denn wir dürfen uns kein Haus errichten. Wir haben vor fünf Jahren einen Container gekauft, um dort zu leben. Aber sie wollen ihn uns jetzt nehmen. '91 haben wir einen Motor gekauft [...] Und nachdem wir kamen und das Land urbar gemacht haben (*istiṣlaḥa)*, das kostet ungefähr 7000 Dinar, [haben die Siedler die Arbeit zerstört.] Wir haben zuerst 350 Bäume angebaut, und sie haben 200 von denen ausgerissen. Dann haben wir noch einmal 200 angebaut und sie haben alle 350 Bäume ausgerissen... In den '80er Jahren haben sie vier Kilo [?] des Abwassers auf uns geleert. Wadî Kâna ist ein touristischer Platz, aber sie haben ihn verschmutzt. Er stinkt jetzt nach Abwasser. Es gab eine Quelle, in der man schwimmen konnte. Aber dort ist jetzt das Abwasser, und dann haben sie Schweine in die Gärten gelassen. 52000 Dunum sind nicht mehr benutzbar, denn kein Mensch benutzt dieses Stück wegen der Schweine. Und auch noch fallen die Hunde unsere Ziegen an.

Moderator: Als wir uns über die Operationen der Siedler unterhielten, zeigte sich, dass diese Operationen organisiert sind und nicht zufällig geschehen. Sie machen das absichtlich und die letzte Person, die kommt ist das israelische Militär.

Yusuf Mansur *(O-Ton)*: Es gibt eine Gruppe in Keri Shemron, die von Rami geführt wird, der für die Sicherheit dort verantwortlich ist. *(Geräusche von Ziegen und einem Esel im Hintergrund)* Es gibt Jungen von dieser Gruppe, die Doktoren haben, sie kommen her, schlagen die Ziegenhirten und die Kinder und sie provozieren alle, provozieren alle, die dort hinkommen. Auch die Touristen. *(Vögelgezwitscher)* Sie haben eine Pumpe ausgerissen und wenn wir etwas machen, machen sie alles kaputt.

Moderator: Der Angelegenheit des Wassers und der Siedlungen ist eine der wesentlichen bis zu den Endstatus - Verhandlungen zwischen den Palästinensern und den Israelis. Bis zu diesem Zeitpunkt, in dem das Thema behandelt wird, muß Yusif Mansur allein mit all seiner Kraft Widerstand gegen die Besatzung leisten. [um hier zu bleiben]. Er betet weiterhin zu Gott, dass er ihn, seine Nachkommen und sein Volk gegen die Bösheit des Siedlungsbaus und der Siedler beschützt. Er glaubt, dass alles Reden und Schreiben, alle Veranstaltungen und auch die Erhebung des Landes am Tag der Wut nicht dem Wadî Kâna seine Harmonie, seine Schönheit und das was er einmal war, zurückgeben wird.

Yusif Mansur *(O-Ton)*: Die Verhandlungen sind nutzlos, und Israel wird nicht verzichten, auf nichts auf der Welt. Kein Tag der Wut nützt etwas, *(energisch)* noch fünfhundert Tage der Wut [nützen etwas], wenn es nichts passiert, wenn man ohne *Ǧihād,* ohne Kraft/Gewalt, ohne Krieg die da, diese Gruppen der Siedler ausreißen will, dann ist das alles ein leeres Gerede. Ja, oh, es gibt keinen Tag der Wut und keinen Tag der Menschlichkeit! Das geht nicht mit ihnen, das ist alles ein leeres Gerede. Ich bete zu Gott, uns zu erleichtern, von den Juden und dem Anblick der Juden und den Leuten, die sie unterstützen.

ANHANG II:

KARTE I

Quelle: http://www.fmep.org

KARTE II

West Bank Hilltop Settlements and Land Confiscations - June 1999

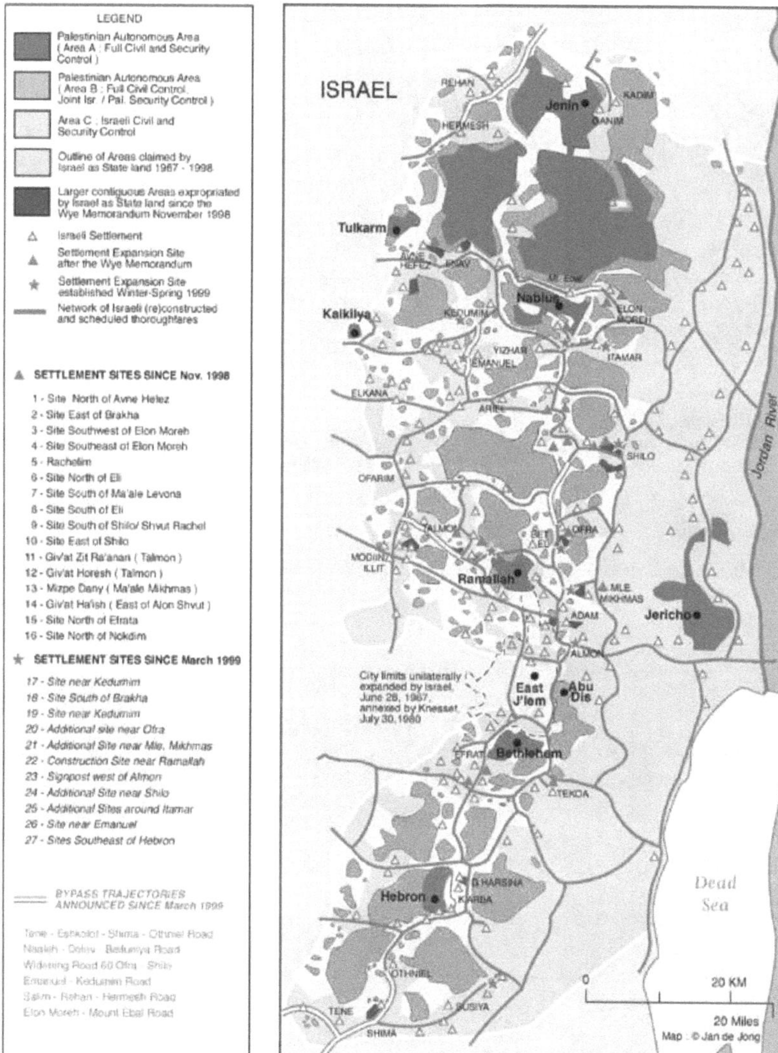

Quelle:http://www.fmep.org

KARTE III

A)

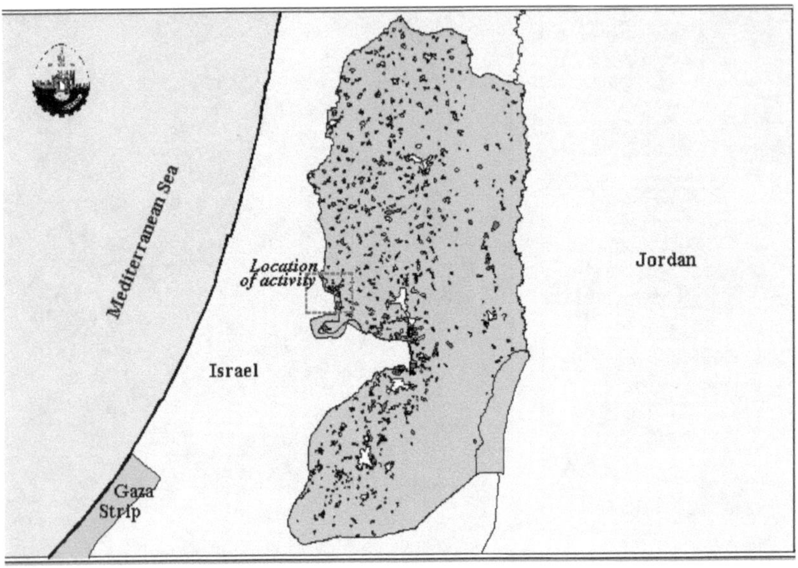

Quelle: http//:www.arij.org

B)

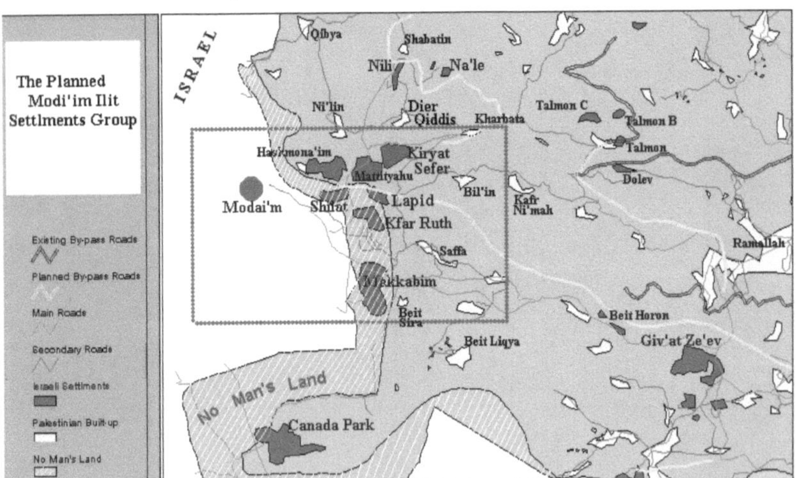

Quelle: http://www.arij.org

C)

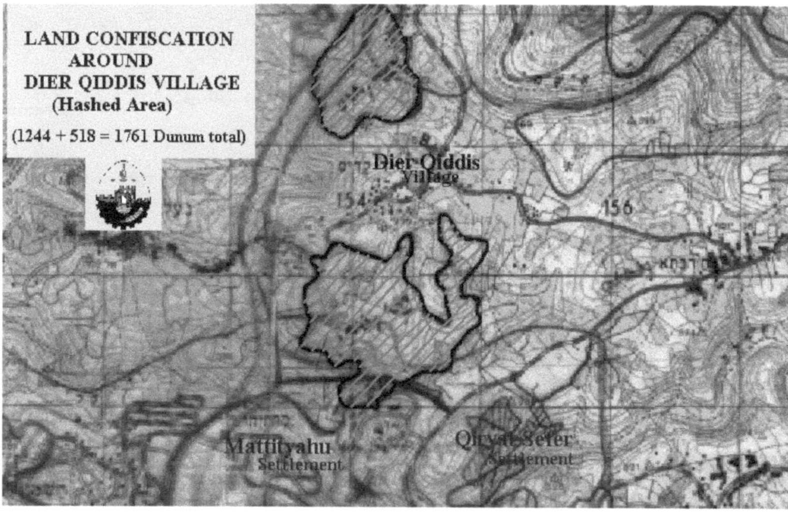

Quelle: http://www.arij.org

***ibidem*-Verlag**
Melchiorstr. 15
D-70439 Stuttgart

info@ibidem-verlag.de

www.ibidem-verlag.de
www.edition-noema.de
www.autorenbetreuung.de

FSC
www.fsc.org
MIX
Papier | Fördert
gute Waldnutzung
FSC® C083411

Zeitfracht Medien GmbH
Ferdinand-Jühlke-Straße 7
99095 Erfurt, Deutschland
produktsicherheit@kolibri360.de